MANIFESTO PELA EDUCAÇÃO MIDIÁTICA

DAVID BUCKINGHAM

MANIFESTO PELA EDUCAÇÃO MIDIÁTICA

TRADUÇÃO
José Ignacio Mendes

Título original: *The Media Education Manifesto*

1ª reimpressão, 2024

Leitura técnica Januária Cristina Alves
Preparação Silvana Cobucci
Revisão Elba Elisa Oliveira, Silvana Vieira
Projeto gráfico, capa e diagramação Cristina Gu

Dados Internacionais de Catalogação na Publicação (CIP)

Buckingham, David
Manifesto pela educação midiática / David Buckingham;
Prefácio: Januária Cristina Alves; Tradução: José Ignacio
Mendes. – São Paulo: Edições Sesc São Paulo, 2022. – 136 p.

ISBN: 978-85-9493-230-3

1. Educação midiática. 2. Educação midiática de jovens.
3. Educação midiática de crianças. 4. Alfabetização
Midiática. 5. Educação digital. 6. Conquista do senso crítico.
7. Capitalismo digital. I. Título. II. Mendes, José Ignacio.

B923m CDD 607

Ficha catalográfica elaborada por Maria Delcina Feitosa
CRB/8-6187

EDIÇÕES SESC SÃO PAULO
Rua Serra da Bocaina, 570 – 11º andar
03174-000 – São Paulo SP Brasil
Tel.: 55 11 2607-9400
edicoes@sescsp.org.br
sescsp.org.br/edicoes
/edicoessescsp

NOTA À EDIÇÃO BRASILEIRA

A vida mediada por telas e conteúdos digitais é uma realidade inconteste para crianças e jovens, além de desafio para educadores e pais. Essa condição avança a cada dia e permeia diferentes realidades em âmbito social, em perspectiva privada e quanto à educação dos indivíduos. Mas, se a alfabetização midiática não deve se limitar ao uso instrumental e secundário dos dispositivos eletrônicos, o que a torna, efetivamente, crítica?

Entre alertas fundamentais sobre a relevância da educação midiática na contemporaneidade, este livro menciona o poder exercido pelo capitalismo digital, representado por grupos de mídia globais que dominam a produção e a circulação de conteúdos, não necessariamente verdadeiros ou de qualidade comprovada, como também capturam, negociam e lucram com informações privadas de milhares de usuários mundo afora, em grande parte, sem regulação estatal capaz de lidar com sua avidez e complexidade.

Ao qualificar a educação midiática como um direito à cidadania individual, garantidor da liberdade e da democracia, David Buckingham afirma que "os algoritmos de modo algum são neutros, automaticamente objetivos ou verdadeiros". Imaginá-los como tal nos leva a uma percepção fragilizada do que se poderia considerar como riscos e benefícios do uso das mídias digitais. No entanto, não há alfabetização possível sem o empoderamento dos sujeitos para o uso dessas mídias a partir de um "entendimento social, político, econômico e cultural".

Ao publicar este "Manifesto pela educação midiática", cuja ênfase se dá na formulação sistemática de propostas no âmbito da educação formal, o Sesc São Paulo, instituição dedicada ao desenvolvimento permanente por meio da cultura e da educação informal, realizada fora dos espaços escolares, demonstra seu comprometimento com a formação crítica do sujeito como fator essencial à construção de uma sociedade justa e democrática.

PALAVRAS DO AUTOR AO PÚBLICO BRASILEIRO

DAVID BUCKINGHAM

Embora muitos dos meus exemplos aqui sejam extraídos da experiência de educadores de mídia no Reino Unido, este livro foi deliberadamente escrito para um público internacional. O Brasil tem uma cultura midiática rica e fascinante, e sei que muitos educadores brasileiros já estão enfrentando os desafios de promover programas de educação midiática mais sistemáticos e abrangentes nas escolas. Espero que a tradução deste pequeno livro os ajude a tornar a educação para a mídia acessível a um público mais amplo, além de apoiar sua própria prática em sala de aula.

PREFÁCIO: A EDUCAÇÃO MIDIÁTICA COMO UM DIREITO FUNDAMENTAL

JANUÁRIA CRISTINA ALVES*

O professor David Buckingham, autor deste *Manifesto* que agora chega às suas mãos, caro leitor, é um educador e pesquisador à frente de seu tempo. Atualmente é professor emérito da Loughborough University, professor visitante no Kings College, da Universidade de Londres, foi nomeado *fellow* da Leverhulme Trust Emeritus e é um dos maiores especialistas contemporâneos no estudo das relações entre as crianças, os jovens e as mídias. Desde os anos 1980, quando pouca gente dava atenção à educação midiática, dedica-se a pesquisar esse tema – e a compartilhar seu conhecimento. A seu ver, a educação para as mídias é um direito básico de todos nós e nos dias de hoje é tão importante "como o ar que respiramos". A relevância que a mídia assumiu em nossa vida cotidiana nos mais diversos níveis obriga-nos a concordar com ele e, sobretudo, a dar atenção especial ao papel do que a Unesco chama de "alfabetização midiá-

---

* Mestre em Comunicação Social pela Escola de Comunicações e Artes da Universidade de São Paulo (ECA-USP), jornalista, educomunicadora, autora de mais de cinquenta livros infantojuvenis, duas vezes vencedora do Prêmio Jabuti de Literatura Brasileira, coautora do livro *Como não ser enganado pelas fake news* (Editora Moderna) e autora de *#XôFakeNews: Uma história de verdades e mentiras* (Editora Nova Fronteira). Foi colaboradora durante 13 anos do "Folha Educação", programa de incentivo ao trabalho com jornais em sala de aula do jornal *Folha de S.Paulo*, e editora do periódico que levava o nome do programa. É colunista de Educação Midiática do *Nexo Jornal*, membro da Associação Brasileira de Pesquisadores e Profissionais em Educomunicação – ABPEducom, do grupo Jornalismo, Direito e Liberdade vinculado à ECA e ao Instituto de Estudos Avançados da USP e da Mil Alliance, a Aliança Global para Parcerias em Alfabetização Midiática e Informacional da Unesco.

tica e informacional" na formação integral das crianças e dos jovens. "Se queremos preparar as crianças para este mundo, precisamos constantemente ensiná-las sobre mídia", afirma ele numa de suas entrevistas publicadas no Brasil.

Autor e coautor de mais de 30 livros, além de mais de 220 artigos e capítulos de livros, somados a diversos artigos para seu blogue, esse pesquisador inglês lecionou por muitos anos no Instituto de Educação da Universidade de Londres (agora parte da UCL), onde fundou e dirigiu o Centro para o Estudo de Crianças, Jovens e Mídia. Como poucos, David Buckingham consegue unir sua prática em sala de aula à reflexão crítica e atual das mídias, não apenas como tecnologias que devem ser ensinadas nas escolas, mas especialmente como cultura, pois elas influenciam e moldam os pensamentos e os comportamentos de todos nós, seus usuários. Dirigiu, ainda, mais de 25 projetos de pesquisa financiados no exterior sobre essas questões e foi consultor de órgãos como Unesco, Nações Unidas, Unicef, Comissão Europeia, Ofcom (o regulador de mídia do Reino Unido) e o governo do Reino Unido e continua a realizar pesquisas e a prestar consultoria e avaliação para organizações como a Media Education Association, os Space Studios e a Family, Kids and Youth. É, portanto, um incansável pesquisador e escritor que tem nos ajudado a pensar e a compreender como a educação midiática pode efetivamente ser um instrumento precioso para construir um mundo mais ético, justo e sustentável.

A publicação do *Manifesto pela educação midiática* chega em boa hora ao Brasil, pois infelizmente só temos um livro do professor Buckingham traduzido para o português: *Crescer na era das mídias eletrônicas*, publicado em

2007 por Edições Loyola. Sua obra e as reflexões por ele propostas ao longo destes anos têm sido essenciais para a formação de diversos educadores e comunicadores (ou educomunicadores, como temos no Brasil) como eu. Nelas encontramos conteúdos que não se limitam a fornecer "receitas" fáceis para levar às salas de aula os estudos de mídia, pois o autor sempre se preocupou em transmitir uma visão mais ampla da questão midiática, considerando que todos inevitavelmente vivemos "mediados" por esses instrumentos em nossas atividades cotidianas.

O conteúdo deste "pequeno livro", como o próprio Buckingham o define, traz importantes contribuições para os educadores de todo o país, especialmente para os empenhados em levar a educação midiática para a escola, quer como disciplina formal, quer como tema transversal, quer ainda como conteúdo complementar às mais diversas disciplinas tanto do ensino fundamental como do ensino médio. Desde 1988 tenho me dedicado a essa temática – a partir de minha tese de mestrado sobre o uso do jornal na escola para a expressão e o exercício de leitura crítica das crianças e jovens – e por isso, nos cursos, palestras e oficinas que ministro, tenho acompanhado o esforço e o crescente interesse dos professores dos mais diversos segmentos e disciplinas na introdução das mídias em sala de aula como forma de explorar as diversas possibilidades de autoexpressão, produção e análise crítica dos conteúdos por elas veiculados. Essa não é uma tarefa simples, uma vez que, como explicita o professor Buckingham neste livro, a introdução de conteúdos dessa natureza na escola não é tão somente uma questão didática ou pedagógica, ou ainda técnica e puramente instrumental, e sim uma questão política, pois as mídias (sobretudo as mídias sociais) não são apenas meios de comunicação, mas estão abrigadas em plataformas pautadas por um modelo de negócio com sérias implicações econômicas, o chamado "capitalismo digital". Assim, a educação midiática deve ser encarada como "um pré-requisito da cidadania contemporânea", já que, como o autor enfatiza, ela "se preocupa primordialmente em desenvolver o entendimento crítico" das mídias em seus diferentes suportes.

Se um manifesto visa sobretudo alertar para um problema relevante, apresentando claramente as variáveis que integram a questão e as alternativas e encaminhamentos para sua solução, o *Manifesto pela educação midiática* que você lerá a seguir cumpre essa função de maneira exemplar e vai além, demonstrando o que funcionou ou não em termos de educação para as mídias nos últimos quarenta anos no mundo inteiro, e as razões pelas quais isso se deu. A leitura objetiva e ampla do autor em relação ao que se fez ao longo da história da alfabetização midiática e informacional não deixa de apontar os equívocos, mas sobretudo ilumina pontos obscuros fundamentais, trazendo à tona questões mais complexas negligenciadas em sua aplicação pedagógica por se desconsiderar tanto a participação das crianças e dos jovens como usuários e sobretudo como criadores de conteúdo quanto a necessidade de inserir nos conteúdos escolares a experiência desse público, ou ainda de incluir a comunicação e a cultura como parte integrante do ensino com, sobre e por meio das mídias.

Diante do atual cenário do mundo digital, no qual as plataformas coletam nossos dados sem percebermos, em que os algoritmos comandam nossos desejos e necessidades sem que possamos entender como eles funcionam e em que, ao curtir, compartilhar e produzir conteúdos, julgamos exercer nossa liberdade de expressão sem nos darmos conta de que o que postamos já está devidamente "formatado" por essas empresas, é urgente incluir a educação midiática no currículo obrigatório de todas as escolas, concebendo-a como uma política pública. É isto que este *Manifesto* propõe: que ela seja uma disciplina, oferecida por educadores devidamente formados para isso. Isso porque é na escola que as crianças passam a maior parte de seu tempo e é ali que há espaço para a discussão de temas relevantes, para o diálogo e sobretudo para a formação do seu pensamento crítico.

Como o próprio professor Buckingham observa no final do livro, a educação midiática sozinha não será suficiente para nos ensinar a lidar com os imensos (e extremamente velozes) desafios do ambiente midiático em que circulamos, mas com certeza o exercício de análise e compreensão dos mecanismos que o fazem funcionar e que nos ajudam a tomar uma infinidade de decisões em nossa vida diária nos permitirá criar (e concretizar) outros futuros no presente.

Por acreditar na potência transformadora da educação para as mídias em nossa sociedade, tenho trabalhado na disseminação desses conceitos e práticas em meu fazer cotidiano, seja como jornalista, escritora ou cidadã, e sinto-me honrada em ter indicado às Edições SESC São Paulo a publicação desta obra, apresentando ao público brasileiro conteúdo tão essencial.

Sigamos: #Juntospelamesmacausa!

INTRODUÇÃO

DESDE O FIM DO SÉCULO XX, o ambiente midiático global transformou-se drasticamente, com o surgimento de uma série de novas tecnologias, formas e práticas de mídia. Os usuários de mídia foram apresentados a novas oportunidades de expressão pessoal e comunicação. Contudo, nesse processo, as empresas de mídia também incrementaram muito sua capacidade de recolher, analisar e vender dados sobre seus clientes. A nova mídia não substituiu a velha mídia, mas as fronteiras entre a comunicação pública e a interpessoal tornaram-se cada vez mais nebulosas: hoje vivemos num mundo de mediação quase total. Surgiram novos desafios, em relação às "*fake news*", à agressão *online* e às ameaças à privacidade, por exemplo, ao passo que antigas preocupações – sobre propaganda, pornografia e "vício" em mídia, entre outras – assumiram novas formas. O ambiente midiático global é dominado agora por um número muito pequeno de provedores quase monopolistas, que controlam as plataformas e os serviços de mídia mais usados.

Nesse contexto, os formuladores de políticas têm apelado cada vez mais à alfabetização midiática como meio de maximizar os benefícios dessas novas mídias e ao mesmo tempo lidar com alguns dos problemas suscitados por elas. A mídia é uma dimensão central da vida contemporânea – da cultura, da política, da economia e das relações pessoais. A maioria das pessoas concorda que, numa sociedade intensamente mediada, os usuários de mídia precisam tornar-se mais autônomos, mais competentes e mais críticos. Em muitos casos, contudo, a alfabetização midiática parece ser vista como uma espécie de solução improvisada, ou usada como uma maneira de transferir a responsabilidade do Estado para o indivíduo. Ao menos no debate público mais amplo, há apenas uma noção limitada das possíveis implicações da alfabetização midiática e de como ela poderia ser mais bem desenvolvida.

Em muitos lugares do mundo, os educadores de mídia enfrentam esse tipo de problema há décadas – ainda que, por vários motivos, a educação midiática geralmente permaneça à margem da escolaridade obrigatória. Todavia, o currículo de educação midiática e muitas das estratégias pedagógicas dos educadores de mídia foram desenvolvidos sobretudo na era dos antigos meios de comunicação "de massa". Na opinião de alguns especialistas, a educação midiática é praticamente redundante na era digital: a seu ver, os jovens desenvolverão automaticamente as habilidades e o entendimento de que necessitam simplesmente envolvendo-se com a chamada "cultura participativa" da mídia social.[1] Alguns estudiosos até sugeriram que as abordagens críticas da educação midiática são antiquadas e paternalistas.

Minha visão é bem diferente. Não compartilho do otimismo um tanto ingênuo em relação ao potencial empoderador da mídia digital. Tampouco acredito que o entendimento crítico decorrerá automaticamente da experiência de produção ou participação criativa. A alfabetização midiática não se restringe a saber usar determinados aparelhos, quer para acessar a mídia, quer para criar mensagens nela. Ela deve também implicar um entendimento crítico profundo de como a mídia

---

1 Este é um manifesto, não um texto acadêmico. Por isso, procurei restringir ao máximo as notas e referências. Em alguns exemplos refiro-me a outros escritos em que desenvolvi o tema de modo mais extenso e nos quais é possível encontrar referências mais completas. Para um panorama, ver meu artigo "Do we really need media education 2.0?", pp. 287-304, em: K. Drotner e K. Schroder (org.), *Digital Content Creation*, Nova York: Peter Lang, 2010.

funciona, como comunica, como representa o mundo, e como é produzida e usada. Entender a mídia hoje exige o reconhecimento da complexidade de formas modernas de "capitalismo digital". E, se realmente queremos que os cidadãos sejam midiaticamente alfabetizados, precisamos de programas abrangentes, sistemáticos e duradouros de *educação* midiática como direito básico de todos os jovens.

A meu ver, um manifesto deve fazer principalmente duas coisas. Primeiro, tem de convencer o leitor da importância e urgência da tarefa que se tem em mãos. Para tanto, precisa estipular algumas metas e princípios básicos e persuadir o leitor de que eles são mais válidos e úteis que as potenciais alternativas. Essa é essencialmente a finalidade da primeira metade deste livro. Segundo, um manifesto precisa fornecer um plano de ação: precisa mostrar como é possível alcançar essas metas, não em termos abstratos, mas nas condições realmente existentes. Isso pede menos afirmações gerais e mais propostas detalhadas. Essa é a finalidade da segunda metade do livro.

Inevitavelmente meus argumentos baseiam-se sobretudo em minha própria experiência no Reino Unido nas últimas décadas. Alguns deles podem ser difíceis de transpor para outros contextos. No entanto, a abordagem da educação midiática do Reino Unido tem muita influência no mundo todo; e eu trabalhei com educadores de mídia em mais de trinta países diferentes. Meu foco principal está na educação midiática em escolas, e não em universidades ou ambientes mais informais, embora haja algumas sobreposições; e minha ênfase, portanto, está principalmente em crianças e jovens e não em adultos. Considero a mídia de modo amplo, incluindo a nova mídia digital e a velha mídia (inclusive impressa), ainda que grande parte do meu argumento se concentre na internet e na mídia social.

Este manifesto foi escrito em 2018, num momento em que o debate público sobre a mídia digital parecia ter alcançado um ponto de inflexão. Em retrospecto, esse ano pode ser visto como o ano do "*techlash*"[2]; acrônimo formado pela junção das palavras *technology* e *backlash* (reação negativa a questões sociais ou políticas). Os críticos das empresas de mídia globais – e até da influência da mídia digital em geral – tornaram-se significativamente mais veementes e proeminentes. É impressionante notar como muitos executivos e antigos executivos dessas empresas agora se mostram preocupados com o impacto dessa mídia – não menos sobre seus próprios filhos. Não se passa nem uma semana sem a publicação de mais um livro que nos diz como a tecnologia está nos conduzindo ao inferno. Alegações eufóricas sobre o potencial positivo e empoderador da mídia digital, que costumavam ser lugar-comum não somente nas relações públicas corporativas, mas também para muitos acadêmicos, educadores e ativistas, passaram cada vez mais a soar como retórica vazia. É difícil imaginar que muitos ainda acreditem em Mark Zuckerberg,[3] o CEO do Facebook[4], que disse a um comitê do Congresso dos EUA que o propósito de sua empresa é criar "comunidade" e "unir o mundo".

---

2 Exemplos disso incluiriam Jaron Lanier, *Ten Arguments for Deleting your Social Media Accounts Right Now*, Londres: Bodley Head, 2018; James Bridle, *New Dark Age: Technology and the End of the Future*, Londres: Verso, 2018; e Tim Wu, *The Attention Merchants*, Nova York: Atlantic, 2017.

3 Depoimento ao Congresso, 10-11 abr. 2018: https://www.cnbc.com/2018/04/10/watch-facebooks-mark-zuckerberg-testify-before-congress.html.

4 A partir de 28/10/2021, a empresa passou a se chamar Meta. [N.E.]

Um entendimento crítico do ambiente midiático contemporâneo certamente exige um grau de ceticismo sobre alegações desse tipo. Contudo, também precisamos ficar atentos aos perigos do cinismo. Essas novas empresas de mídia exercem um poder considerável, e grande parte do que elas fazem é obscuro e invisível. No entanto, também existem limites para esse poder, e existem formas para os usuários o desafiarem. O entendimento crítico é pelo menos um primeiro passo nesse processo, e não é fácil. Exige conhecimento profundo, análise rigorosa e estudo cuidadoso; obriga-nos a refletir sobre nosso uso pessoal da mídia e sobre nosso investimento emocional e simbólico nela; e implica uma consciência mais ampla de como a mídia se relaciona com acontecimentos sociais, culturais, políticos e históricos mais gerais. Mas no fim o entendimento crítico também precisa levar à ação: como disse certa vez o autor de um manifesto um pouco mais famoso, o objetivo não é simplesmente interpretar o mundo, mas também transformá-lo.

1.

O AMBIENTE MIDIÁTICO EM MUTAÇÃO

É MANHÃ DE UM DIA DE SEMANA AGITADO e estou a caminho de uma reunião no centro da cidade. O metrô está lotado de passageiros, todos absortos em seu mundo particular. Alguns leem os jornais gratuitos já descartados no chão do vagão; uns poucos até leem livros; mas a maioria está imersa em telas. Alguns leem no *tablet* ou *e-book*, enquanto outros jogam ou assistem a vídeos em seus *smartphones*. Muitos checam *e-mails* ou passam os olhos por textos, músicas, fotografias e tuítes. A maioria usa fones de ouvido. As paredes do vagão e das estações, por sua vez, estão cobertas de anúncios publicitários, e muitos passageiros fazem propaganda de marcas em suas roupas, bolsas e aparelhos digitais. Ao retornar para o nível da rua, passo por grandes telas em plataformas e por telas menores nas escadas rolantes, promovendo os mais recentes filmes, peças de teatro, exposições e lançamentos musicais. Ao sair da estação, as pessoas conferem seus telefones mais uma vez, ansiosas para ler as mensagens que perderam enquanto estavam no subsolo.

A mídia está em toda parte. É como o ar que respiramos. Estimativas sugerem que os jovens agora passam o equivalente a um dia por semana em seus celulares, conferindo-os pelo menos 150 vezes por dia.[5] Levando em conta celulares, computadores, *tablets* e televisores, os adolescentes passam quase nove horas por dia diante de telas. No entanto, até quando estamos fora da tela, a mídia muitas vezes domina e invade nosso campo visual, especialmente na forma de publicidade e *marketing*. E quase sempre nós aceitamos isso sem questionar. O fato de grande parte de nossa comunicação ser media-

5 Por exemplo, https://www.inc.com/john-brandon/science-says-this-is-the-reason-millennials-check-their-phones-150-times-per-day.html.

da não nos surpreende nem um pouco. A mídia é simplesmente um fato da vida, uma presença mundana da qual a maioria de nós não quer ou não consegue escapar.

Obviamente, isso acontece cada vez mais com o advento dos celulares, especialmente os *smartphones*. Agora podemos acessar mídias de vários tipos em quase todos os lugares, a qualquer hora, não apenas quando estamos diante de uma tela grande. Mas, ao mesmo tempo, esses aparelhos são também poderosos meios de vigilância: conseguem coletar grandes quantidades de dados sobre nós, que podem ser vendidos a terceiros – não apenas a publicitários e marqueteiros, mas também a governos e partidos políticos, empregadores ou potenciais empregadores, e agências de polícia e segurança de vários tipos.

Há diversas maneiras de quantificar a presença da mídia em nosso cotidiano. Se concentramos nossa atenção momentaneamente na internet, o simples volume de atividade é impressionante. Nos últimos anos, os pesquisadores da indústria tecnológica Lori Lewis e Chadd Callahan vêm produzindo um infográfico anual que mostra "o que acontece num minuto na internet".[6] Em 2018, por exemplo, num minuto-padrão houve: 187 milhões de *e-mails*; 18 milhões de mensagens do WhatsApp; 3,7 milhões de consultas ao Google; quase um milhão de *logins* no Facebook; 4,3 milhões de vídeos vistos no YouTube; quase meio milhão de tuítes; 2,4 milhões de Snaps; 375 mil aplicativos baixados; e mais de 250 mil horas assistidas na Netflix. Sem considerar nada mais, somente o custo dessa atividade em termos de consumo de energia

---

6 https://www.socialmediatoday.com/news/this-is-what-happens-in-an-internet-minute-infographic/524426.

é fenomenal: uma estimativa recente sugeriu que os aparelhos conectados à internet poderão representar um quinto do gasto mundial de eletricidade em 2025.[7]

Outra forma de entender isso é vê-lo da perspectiva do usuário individual. O relatório anual do Pew Research Center sobre adolescentes, mídia social e tecnologia fornece uma indicação confiável.[8] Em 2018, por exemplo, ele constatou que, nos Estados Unidos, 95% dos adolescentes têm um *smartphone* e 45% afirmam estar *online* "quase constantemente". A popularidade de diferentes plataformas mudou com os anos: nessa faixa etária, o Facebook agora está em declínio – apenas metade diz usá-lo regularmente, comparada com 85% que usam o YouTube e cerca de 70% que usam o Instagram e o Snapchat. As enquetes anuais realizadas pelo Ofcom, órgão regulador da mídia no Reino Unido, revelam uma imagem semelhante, embora aqui também haja um foco na "velha" mídia. Em 2017, 95% dos adolescentes entre 12 e 15 anos estavam *online*, numa média de 21 horas por semana; 91% assistiam televisão, numa média de 15 horas por semana; enquanto 83% tinham seu próprio *smartphone*.[9] A enquete identificou uma migração contínua dos canais de televisão para novos aparelhos (incluindo *tablets*) e o YouTube, especialmente entre crianças mais velhas; aqui também, algumas plataformas de mídia social mais novas, como o Snapchat, gradualmente ganham terreno

---

7 https://www.theguardian.com/environment/2017/dec/11/tsunami-of-data-could-consume-fifth-global-electricity-by-2025.

8 Relatório *Teens, Social Media and Technology 2018*: http://www.pewinternet.org/2018/05/31/teens-social-media-technology-2018.

9 *Children and Parents: Media Use and Attitudes 2017*: https://www.ofcom.org.uk/__data/assets/pdf_file/0020/108182/children-parents-media-use-attitudes-2017.pdf.

sobre o Facebook. Evidentemente existem diferenças em termos de idade, classe social e gênero. Mas, em geral, os jovens de hoje dedicam mais tempo à mídia do que a qualquer outra atividade – inclusive dormir.

Esses números foram obtidos de países com elevado nível de acesso à mídia e tecnologia (ainda que não seja o mais elevado do mundo). Existem enormes desigualdades globais nesse aspecto, e elas não devem ser ignoradas. Não obstante, as tendências no mundo todo são de crescimento inexorável.[10] Os números de usuários de internet em grandes países em desenvolvimento como África do Sul, Brasil e Índia estão aumentando rapidamente, sobretudo com o advento dos *smartphones*. Em 2018, pela primeira vez, mais da metade da população mundial estará *online*.

Uma terceira maneira de considerar isso é da perspectiva das empresas que possuem e fornecem esses serviços e plataformas digitais. O que vemos aqui é uma tendência de crescimento rápido rumo ao monopólio, entre apenas quatro empresas líderes. O Facebook diz ter 2,2 bilhões de usuários ativos, cerca de 30% de toda a população mundial. Nenhuma outra rede social chega perto, e o Facebook é dono de várias daquelas que o fazem, como o Instagram (com meio bilhão de usuários), o WhatsApp e o Messenger. Apesar de vários problemas em 2017, seus lucros continuaram a disparar em cerca de 60% até US$ 16 bilhões, numa receita total de US$ 41 bilhões. Em 2016, o Fórum Econômico Mundial afirmou que, se o Facebook fosse um país, seria maior do que a China.[11]

10 Ver, por exemplo: https://wearesocial.com/blog/2018/01/global-digital-report-2018.

11 https://www.facebook.com/worldeconomicforum/posts/if-facebook-were-a-country-it-would-be-much-bigger-than-china/10153447995736479.

Da mesma forma, o Google domina as buscas *online*, com uma fatia de mercado pouco superior a 90% (3,5 bilhões de buscas todo dia). Mais uma vez, outras plataformas são absolutamente insignificantes em comparação. O Google (ou sua empresa-mãe Alphabet) é de longe a maior empresa de mídia do mundo, gerando mais que o dobro da receita da sua concorrente mais próxima, a Disney. A Alphabet também é dona do YouTube, que é o líder incontestável de mercado em distribuição de vídeo e música: tem cerca de 80% do mercado total entre os *sites* multimídia. O Facebook e o Google juntos representam quase 85% dos gastos com publicidade *online*, e um quarto de toda a publicidade na mídia em todo o mundo.

Enquanto isso, a Amazon passou a dominar o mercado de varejo *online*: é a quarta empresa mais valorizada do mundo, com uma receita anual de quase US$ 180 bilhões em 2017. Agora ela controla quase metade do mercado nos Estados Unidos, onde as compras *online* estão substituindo irreversivelmente as lojas físicas. Sua receita com publicidade está crescendo cerca de 60% por ano, e ela também é produtora, editora e distribuidora dos mais diversos tipos de conteúdo de mídia. O fundador e CEO da Amazon, Jeff Bezos, é oficialmente o indivíduo mais rico do mundo. A quarta dessas empresas, a Apple, é obviamente uma empresa sobretudo de *hardware*, com um catálogo muito bem-sucedido de aparelhos: em 2016, anunciou a venda do seu bilionésimo iPhone. Contudo, é também um ator essencial em mercados competitivos como os de distribuição de música, serviços em rede, jogos *online* e *streaming*. Em 2018, a Apple tornou-se a primeira empresa de um trilhão de dólares do mundo.

Essas quatro empresas, Google, Apple, Facebook e Amazon – GAFA, como às vezes são denominadas –, têm histórias, perfis de mercado e estratégias corporativas diferentes, mas todas tiveram um enorme crescimento durante a última década.[12] Se acrescentamos à lista algumas empresas mais consolidadas, como a Microsoft e a IBM, e uma ou duas empresas emergentes, como a Netflix e o Twitter, podemos abarcar quase todo o mercado global de tecnologia e serviços digitais. Elas estão entre as empresas mais rentáveis de qualquer tipo no mundo e trabalham duro para continuar assim.

Voltarei a essas questões no devido momento, mas meu argumento fundamental é que elas não são meras empresas de *tecnologia*: são também empresas de *mídia*. É pela internet – e em especial por essas plataformas e serviços digitais – que cada vez mais temos acesso a mídias de todos os tipos. Além de nos fornecer aparelhos ou ferramentas técnicas, *hardware* ou *software*, essas empresas também têm nos fornecido os meios de representação e comunicação indispensáveis para a vida moderna. Muitos anos atrás, Raymond Williams insistiu que a televisão não era apenas uma tecnologia, mas também uma *forma cultural*, que proporciona significado e prazer.[13] Da mesma forma, serviços como o Facebook, o Twitter ou o Instagram não são simplesmente uma maneira de fornecer conteúdo: são também uma forma cultural, que molda esse conteúdo, e nossa relação com ele, de determinadas maneiras.

---

12 As estatísticas sobre as empresas GAFA foram tiradas de várias fontes *online*, incluindo Reuters, Vault.com e as páginas de tecnologia do *Guardian*.

13 Raymond Williams, *Television: Technology and Cultural Form*, Londres: Fontana, 1974.

Até aqui, falei sobretudo de mídia digital, em especial da internet. No entanto, é importante reconhecer tanto as continuidades como as diferenças entre a "nova" e a "velha" mídia. Serviços e plataformas digitais são veículos para novas formas de representação e comunicação, mas também estão sendo usados para distribuir mídia "velha", como televisão, filme, música e textos escritos. Na verdade, muitas das empresas que mencionei têm se tornado verdadeiras produtoras – e não apenas editoras ou distribuidoras – de "velha" mídia (como filmes e programas de TV). Essas mídias se sobrepõem e se inter-relacionam, e precisam ser consideradas holística e separadamente – sobretudo no contexto da educação.

Como sugeri, é preciso compreender essas mídias em diversos níveis. Podemos vê-las segundo a perspectiva de seus usuários, como serviços e produtos usados para comunicação, entretenimento e aprendizado. Mas, como mostrei acima, também é preciso vê-las segundo a perspectiva de seus produtores ou proprietários, como serviços e produtos que geram lucro comercial. Temos de examinar as *práticas* – isto é, o que usuários e produtores estão fazendo, como e por que o fazem. Também temos de examinar o *conteúdo* efetivo que eles criam, compartilham e consomem. Não importa quem está envolvido. Para entender a mídia, já não temos de ver a mídia de "massa" ou os produtos de grandes empresas, mas também o que nós, como indivíduos, criamos e produzimos, e como usamos a mídia para nos comunicar.

Por que isso deve ser um problema para a educação? Alguns – incluindo muitos políticos – ainda consideram a educação um tipo de baluarte contra a mudança social e cultural. Essas pessoas afirmam que levar a mídia para a sala de aula é como fazer um pacto com o diabo, e que qualquer forma de educação midiática deve, por definição, ser uma "opção suave". Contudo, ignorar a situação que descrevi – ou fazer de conta que a mídia é apenas uma atividade trivial que nos faz perder tempo, ou que não tem nada a ver com o aprendizado dos jovens – é condenar a própria educação à irrelevância.

Este manifesto defende a educação midiática como pré-requisito básico da cidadania contemporânea – portanto, como um direito fundamental em todo o sistema educacional. No entanto, ele também defende determinada abordagem. A educação midiática não consiste em usar a mídia ou a tecnologia como ferramentas, como auxílios educacionais, nem mesmo como aparelhos de coleta de dados. Não consiste em alertar os jovens contra as várias formas de "mau comportamento" que a mídia parece incentivar. Tampouco consiste simplesmente em desenvolver habilidades técnicas ou proporcionar aos jovens oportunidades de se expressarem através da mídia. Na verdade, como pretendo explicar, ela se preocupa sobretudo em desenvolver o entendimento crítico.

2.

MUITO MAIS QUE RISCO E BENEFÍCIO

A MÍDIA É BOA OU RUIM PARA AS CRIANÇAS? Com demasiada frequência os debates sobre os jovens e a mídia tendem a ser contextualizados em termos de uma distinção binária entre *benefício* e *risco*. O papel da educação, nessa perspectiva, é maximizar os benefícios da mídia e minimizar seus riscos potenciais. Embora essa possa parecer uma estratégia óbvia ditada pelo senso comum, quero apontar alguns problemas em ambas as ênfases, e no modo como se contextualiza a questão, para começar. Esses debates têm uma história muito longa, mas vou examinar principalmente a internet e a mídia social, e os tipos comuns de afirmações sobre seus efeitos.

Neste ponto do desenvolvimento dessas mídias, é instrutivo retornar a suas origens. Muitos pioneiros da internet e da computação pessoal vieram da contracultura *hippie* do fim da década de 1960, ou foram muito influenciados por ela.[14] Em publicações como *The Whole Earth Catalog*, de Stewart Brand (lançado pela primeira vez em 1968), pode-se detectar ideias iniciais sobre comunicação em rede como meio de construir comunidades alternativas e promover a libertação pessoal. Em relação à educação, ideias semelhantes apareceram em livros como *Deschooling Society* [Sociedade sem escolas], de Ivan Illich,[15] publicado em 1970. De acordo com Illich, as escolas eram fundamentalmente instituições autoritárias, que deveriam ser substituídas por redes descentralizadas de aprendizado informal. Ambas as publicações parecem ter imaginado a internet muitos anos antes de seu surgimento – ainda que, ironicamen-

---

14 Ver Fred Turner, *From Counterculture to Cyberculture*, Chicago: University of Chicago Press, 2006.

15 Ivan Illich, *Deschooling Society*, Harmondsworth: Penguin, 1970.

te, ela em grande parte seja um produto do complexo militar-industrial ao qual esses pensadores utópicos se opunham veementemente.

Seguindo essa história pelas décadas de 1970 e 1980, vemos que esses ideais da contracultura pouco a pouco se fundiram com novas formas de capitalismo empreendedor, criando uma retórica peculiar sobre a tecnologia como meio de libertação social – o que alguns chamaram de "ideologia californiana".[16] Essa ideologia era muito clara, por exemplo, na abordagem do fundador da Apple, Steve Jobs, e acabou renascendo na esteira da quebra das pontocom no início dos anos 2000 e com o surgimento da "Web 2.0" (ou o que chamamos agora de mídia social). Em certa medida, tais ideias ainda estão presentes nas afirmações de Mark Zuckerberg sobre "comunidade" e no lema empresarial do Google: "Don't Be Evil" [Não seja malvado].

Para esses primeiros defensores, os benefícios da nova mídia digital teriam amplo alcance. Ela proporcionaria acesso a quantidades inéditas de informação. Apresentaria novas possibilidades de conexão e *networking* entre indivíduos e grupos de pessoas, gerando novas formas de sociabilidade, apoio mútuo e colaboração. Incentivaria novas formas de participação cívica e ativismo, revitalizaria a política democrática e fomentaria o entendimento global. Geraria inovação nos negócios ao dar novas oportunidades a pequenas empresas e empreendedores visionários. As possibilidades de aprendizado, criatividade, expressão pessoal e comunicação eram aparentemente ilimitadas.

---

16 Richard Barbrook e Andy Cameron, "The Californian Ideology", 1996, em http://www.hrc.wmin.ac.uk/theory-californian-ideology.html.

Em relação à mídia, alegou-se que a tecnologia precipitaria uma dramática alteração no equilíbrio de poder entre produtores e consumidores de mídia – a tal ponto que a própria distinção se tornaria irrelevante. A tecnologia digital, dizia-se, provocaria não somente a proliferação de mídias, mas também uma democratização fundamental dos meios de comunicação. Ela empoderaria todos nós, transformando-nos em verdadeiros produtores de mídia. Permitiria que os produtores atingissem novos públicos e que os públicos respondessem a eles. Nesse processo, essas tecnologias ofereceriam novas oportunidades de expressão criativa, revitalizando o jornalismo tradicional e gerando uma infinidade de novas formas de mídia.

Essas ideias foram descritas acertadamente como um tipo de "ciberutopia". Evidentemente, afirmar que a tecnologia nos libertará tem um apelo inegável. Mas essas ideias são, na melhor das hipóteses, apenas um tipo de pensamento positivo. Elas também são tecnologicamente deterministas, atribuindo à tecnologia um enorme poder de gerar mudança social, independentemente dos contextos em que é usada e das intenções de seus usuários.

Durante muito tempo, não faltaram especialistas céticos em relação a tais afirmações, mas desde o início dos anos 2000 passou-se a considerar insustentável esse tipo de pensamento utópico.[17] Globalmente, o acesso das pessoas a essas tecnologias ainda apresenta desigualdades generalizadas, que refletem outras de-

---

17 Para uma resenha excepcionalmente abrangente, ver James Curran, Natalie Fenton e Des Freedman, *Misunderstanding the Internet*, 2. ed., Londres: Routledge, 2016.

sigualdades econômicas e políticas. São muito poucos os que usam a tecnologia com a expressividade e a criatividade celebradas por seus defensores. O sucesso como líder ou influenciador no mundo da mídia social limita-se sobretudo aos que já tinham privilégios significativos em outras áreas. Longe de promover a democracia, a mídia digital tem sido empregada como meio de propaganda por uma série de forças antidemocráticas, e não apenas por ativistas progressistas. As chamadas "revoluções da internet" mostraram-se efêmeras, e grupos de extrema direita agora são uma força muito poderosa *online*. Em vez de empoderar pequenas empresas, a economia digital passou a ser dominada por um pequeno número de imensas corporações globais. Longe de revitalizar o jornalismo, as novas mídias parecem apenas acelerar sua derrocada; para alguns, elas simplesmente o substituem pela falsidade e agressão preconceituosa, e por uma vazia obsessão pela celebridade.

Não obstante, essas ideias utópicas iniciais também tiveram muita influência no campo da educação, e em grande medida continuam a ter.[18] Obviamente, elas foram promovidas em peso pela indústria da tecnologia, que sempre considerou a educação um mercado muito lucrativo. A Apple, por exemplo, tem tido enorme sucesso em se promover como uma empresa educacional inovadora e criativa, não apenas com publicidade explícita, mas também financiando redes de professores,

---

18 Examinei as provas disto em meu livro *Beyond Technology: Children's Learning in the Age of Digital Culture*, Cambridge: Polity, 2007. Para um panorama sucinto e mais recente, ver Neil Selwyn, *Is Technology Good for Education?*, Cambridge: Polity, 2016.

pesquisadores e vendedores no interior do próprio sistema educacional.

Aqui também nos deparamos com uma forma bastante entusiasta de determinismo tecnológico – um conjunto de afirmações sobre como a tecnologia transformará o aprendizado, libertará os estudantes e criará salas de aula mais democráticas. Tais afirmações costumam recorrer a teorias educacionais progressistas centradas nas crianças, que também remontam à contracultura dos anos 1960 e 1970. Os computadores, ao que parece, tornarão as crianças mais criativas, mais independentes e mais aptas a solucionar problemas; ao aprender a programar, elas terão melhores condições de enfrentar os desafios do emprego na economia global emergente.[19] Enquanto alguns alegam que a tecnologia simplesmente tornará os professores supérfluos, outros argumentam que ela os libertará, tornando-os muito mais inovadores e empoderadores. Como veremos, educadores de mídia ansiosos por louvar o valor da "criatividade" e da "participação" também adotaram alguns desses argumentos.

Tais objetivos podem até ser desejáveis, mas aqui há novamente um enorme descompasso entre a retórica e a realidade. Até seus mais utópicos defensores seriam obrigados a reconhecer que a tecnologia muitas vezes é usada nas escolas para promover formas muito estreitas de aprendizado ("repetir e decorar"). Ela fornece meios muito eficientes de teste, gestão de comportamento e vigilância, porém seu potencial de libertação e empode-

19 Ver minha postagem "Why children should NOT be taught to code", em https://davidbuckingham.net/2015/07/13/why-children-should-not-be-taught-to-code.

ramento só raramente se concretizou. Grande parte dos indícios que sustentam essas alegações utópicas vem de situações artificiais bem distantes das restrições do cotidiano da maioria das salas de aula.

Nos últimos anos, todavia, essas alegações positivas têm sido contestadas por argumentos contra as consequências negativas dessas mídias. Aqui enfatiza-se sobretudo o *risco* – isto é, a possibilidade de dano. Inicialmente, a maioria dos debates sobre os jovens estava ligada ao conteúdo "impróprio" – em especial à facilidade de acesso à pornografia, que tem sido um dos maiores fatores na expansão econômica da internet.[20] Outra preocupação central era o perigo de crianças serem aliciadas *online*: de acordo com alguns de seus críticos, a internet era pouco mais que um parque de diversões para pedófilos. Mais recentemente, essa preocupação ampliou-se um pouco e passou a abranger problemas como *cyberbullying*, "*sexting*" e a sexualização de crianças *online*. Através de *selfies* e perfis nas redes sociais, os jovens são vistos como cúmplices na corrupção de sua própria inocência. Enquanto isso, considera-se que o uso excessivo de mídia social leva a uma série de consequências negativas para a saúde mental, incluindo depressão e baixa autoestima, e até a maior risco de suicídio.[21] Os jovens, em especial, são acusados de ser "viciados" em seus *smartphones*, e dispõe-se hoje de uma série de intervenções psicológicas e tecnológicas para tratar distúrbios desse tipo.

---

20 Para uma resenha cuidadosa, ver Elisabeth Staksrud, *Children in the Online World: Risk, Regulation, Rights*, Londres: Routledge, 2016.

21 Ver minha postagem "Cyberbabble: screens and young people's mental health", em https://davidbuckingham.net/2017/10/04/cyberbabble-screens-and-young-peoples-mental-health.

A esses temores se acrescentaram outros mais amplos, que não se restringem aos jovens. Nos últimos anos, têm aumentado as preocupações com as chamadas "*fake news*" e outras formas de desinformação *online*; com *trolling*, *flaming* e discurso de ódio; com vigilância secreta e invasão de privacidade; com propaganda e radicalização *online*; e com os perigos das "bolhas" que restringem ao invés de promover um debate político genuíno. Mais uma vez, essa ladainha de problemas poderia ser facilmente ampliada; mas essas afirmações costumam compartilhar a visão de que a principal causa de todos esses problemas é a própria tecnologia – e que, se fosse possível encontrar uma maneira de removê-la ou controlá-la, quase todos os problemas desapareceriam. Novamente, essa é uma forma de determinismo tecnológico: a ideia de que as máquinas nos escravizarão e destruirão é simplesmente o reverso da ideia de que elas nos empoderarão e libertarão.

Em certo nível, essas preocupações parecem de fato minar as narrativas utópicas que descrevi acima, embora seja importante ter cuidado aqui também. Como as afirmações de benefícios, muitas das afirmações sobre os efeitos nefastos da mídia – inclusive sobre o objetivo e a escala desses fenômenos – fundamentam-se apenas em frágeis indícios.[22] Trata-se de debates acalorados, mas em muitos casos os sinais de dano efetivo (oposto ao mero potencial de risco) não convencem. Grande parte dessas pesquisas baseiam-se em categorias psicológicas duvidosas e métodos artificiais. Quase todas

---

22 Há uma vasta literatura nessa área, mas uma das melhores análises dos problemas com pesquisas sobre os efeitos da mídia continua a ser o livro de Martin Barker e Julian Petley (org.), *Ill Effects*, Londres: Routledge, 2001.

recorrem a correlações ou associações de variáveis, em vez de fornecer provas confiáveis de relações causais – embora os relatos desses estudos na mídia muitas vezes ignorem essa limitação. Assim, podemos ler que os jovens que usam a mídia social com frequência têm mais propensão a ser depressivos ou a ter baixa autoestima. Mas é preciso muito mais que um questionário para decidir o que causa o quê, sem mencionar os muitos outros fatores envolvidos.

É comum culpar a mídia ao se identificarem novos problemas sociais. Há uma longa história desses temores, que podemos encontrar em mídias anteriores como jogos eletrônicos, televisão, quadrinhos, cinema e literatura popular.[23] Em debates contemporâneos, como nessas ondas de preocupação muito mais antigas, certamente há o risco de alarmismo e até de paranoia. Esses temores geralmente são insuflados por gurus e analistas políticos mal informados – e, no caso, por uma indústria altamente rentável de segurança na internet. Culpar a internet pela "radicalização" de alguns jovens, ou até pela aparente diminuição de seu "bem-estar" geral – como políticos no Reino Unido fizeram recentemente –, é fornecer explicações simplistas para fenômenos sociais muito mais complexos.

Tais argumentos concentram-se indevidamente na mídia e são indevidamente deterministas. Eles tendem a extrapolar afirmações sobre o impacto da mídia tomando como base apenas a análise de características (e em muitos casos meramente qualidades *potenciais*) da

---

23 De novo, há uma vasta literatura a esse respeito, mas um dos melhores panoramas históricos continua a ser o de John Springhall, *Youth, Popular Culture and Moral Panics*, Londres: Palgrave, 1999.

própria mídia. Eles tendem a ver os usos que as pessoas fazem da mídia como simples questão de causa e efeito. Os riscos e benefícios da mídia costumam ser considerados isoladamente, separados dos acontecimentos sociais, culturais e econômicos mais amplos. Esses argumentos também levam a uma abordagem fundamentalmente defensiva ou protecionista. Querer que o governo imponha limites de tempo para o uso de mídia social pelas crianças (como propôs em 2018 o então ministro da saúde do Reino Unido[24]) não é apenas uma fantasia inaplicável: também ajuda a desviar a atenção de outras questões que o governo não tem disposição ou capacidade de resolver. Como veremos, muitas vezes é também nesse ponto que se invoca a ideia de alfabetização midiática. Passa-se a ver o ensino de mídia às crianças como uma espécie de antídoto contra seus efeitos perniciosos.

Apesar das limitações desses argumentos, não creio que seja útil descartá-los como simples "pânico moral"[25] – isto é, como manifestações de ignorância ou irracionalidade. Não obstante a importância de entender a história, é falso afirmar simplesmente que já vimos tudo isso antes. Essas preocupações variam segundo as características específicas da mídia à qual se dirigem. Elas também refletem temores muito mais amplos diante da mudança social que merecem ser levados a sério. Portanto, ao questionar afirmações sobre o poder da

---

24 Ver a valiosa crítica de Amy Orben, em https://www.theguardian.com/science/head-quarters/2018/apr/23/why-hunts-screen-time-limits-for-kids-are-scientific-nonsense.

25 Ver minha crítica do "pânico midiático" escrita com Helle Strandgaard Jensen: "Beyond 'media panics': reconceptualising public debates about children and media", *Journal of Children and Media* 6(4) (2012): 413-429.

mídia, obviamente não estou insinuando que a mídia não tem poder algum. Tampouco estou sugerindo que esses debates sobre risco e benefício não apontaram problemas importantes, que precisam ser solucionados. Determinada mídia realmente pode trazer benefícios potenciais, ou apresentar riscos potenciais, para certas pessoas em certas circunstâncias. Contudo, esses riscos e benefícios não são uma consequência direta do acesso à mídia e, portanto, muitas vezes não são nem um pouco simples ou fáceis de prever.

De fato, pesquisas sugerem que os riscos e benefícios do uso da mídia estão interligados: os usuários mais assíduos (portanto, mais propensos a desfrutar dos benefícios) frequentemente são também os mais expostos ao risco.[26] É difícil minimizar os riscos sem também reduzir os potenciais benefícios. Além disso, a consciência do risco não se traduz necessariamente em prevenção do dano: em princípio, podemos saber o que devemos fazer para ficar seguros, mas o que fazemos na prática é outra questão. Não há uma equação simples para equilibrar essas coisas para cada indivíduo. O que conta como positivo ou negativo (como benefício ou risco) depende do contexto e dos objetivos do usuário.

O foco em riscos e benefícios, contudo, aponta para algumas preocupações cruciais que os educadores precisam considerar. No entanto, tende a concentrar a atenção num espectro limitado de problemas. Ver o uso da mídia em termos da distinção binária entre risco e

---

26 O trabalho de Sonia Livingstone e seus colegas sobre isso é exemplar. Ver, por exemplo, Sonia Livingstone, Leslie Haddon, Anke Görzig e Kjartan Ólafsson, *Risk and Safety on the Internet: The Perspective of European Children*, Londres: London School of Economics, 2011.

benefício ignora a complexidade e a diversidade genuína das práticas cotidianas das pessoas. Como veremos, essa abordagem muitas vezes leva a respostas educacionais simplistas, fragmentárias e contraditórias. Desenvolver a alfabetização midiática dos jovens é um objetivo vital e urgente para mudar o ambiente midiático que descrevi. A *educação* midiática exige uma abordagem mais coerente e abrangente.

3.

LIMITES DA ALFABETIZAÇÃO MIDIÁTICA

DESDE O FIM DOS ANOS 1990, os governos e reguladores de mídia no mundo todo tornaram-se cada vez mais entusiastas da ideia de alfabetização midiática [*media literacy*]. Quase todos concordam que a alfabetização midiática é uma coisa boa – afinal, é improvável que alguém defenda o *analfabetismo* midiático. No entanto, existem diferentes visões do que a alfabetização midiática implica, por que ela pode ser necessária, e como pode ser mais bem desenvolvida. Embora os formuladores de políticas se mostrem favoráveis à ideia, a alfabetização midiática costuma ser definida vagamente; logo, muitas vezes parece ser mais um gesto retórico que um compromisso concreto.

Em princípio, é difícil contestar a necessidade da alfabetização midiática. A mídia é um aspecto inevitável da vida moderna. Ela é fundamental para a política, as operações da economia, as comunicações públicas, as artes e a cultura, as relações pessoais e, cada vez mais, para as nossas vidas íntimas, privadas. Uma democracia saudável precisa de usuários de mídia bem informados e com discernimento; de cidadãos ativos, que participarão da sociedade civil; e de trabalhadores competentes e criativos. Nesse contexto, a alfabetização midiática é uma habilidade fundamental da vida: não podemos funcionar sem ela.

Ao menos essa seria a retórica. Mas, na prática, justificou-se a alfabetização midiática sobretudo em termos de riscos e benefícios. Como sugeri, os que louvam os benefícios educacionais da tecnologia tendem a vê-los como consequência automática da própria tecnologia – embora alguns reconheçam que os estudantes precisam desenvolver uma "alfabetização digital" ou "habilidades em alfabetização informacional". Nesse contexto, considera-se a alfabetização midiática principalmente como um meio de maximizar a eficácia da tecnologia. Ela é predominantemente instrumental, uma questão de habilidades funcionais para usar *hardware* e *software*; só raramente lida com a necessidade de os estudantes pensarem criticamente a tecnologia ou avaliarem a informação que ela torna disponível. Além disso, muitas vezes essa abordagem deixa de examinar as maneiras como os jovens usam essas mídias fora dos contextos da educação formal. Ensinamos as crianças a escrever linguagem de programação ou a fazer buscas eficientes com um navegador, mas tendemos a ignorar seu uso cotidiano da mídia social ou de jogos eletrônicos, por exemplo.

Por outro lado, a alfabetização midiática também é vista como um meio de gestão e prevenção de risco. Essa abordagem se aplica a uma série de males sociais e psicológicos relacionados à mídia. Se estamos preocupados com violência, sexualização, obesidade, drogas ou consumismo, ou com qualquer outro problema social, muitas vezes consideramos que a alfabetização midiática pode fornecer os meios de lidar com isso. Pode-se ver claramente essa lógica em funcionamento no uso da alfabetização midiática como estratégia para prevenir a violência – uma abordagem amplamente adotada sobretudo nos Estados Unidos. Dessa perspectiva, a mídia é considerada uma das principais causas de comportamento violento. Ao receber educação midiática, as crianças poderão resistir a essa influência, reduzindo assim sua propensão a cometer atos violentos na vida real. Contudo, pesquisas mostram claramente que a violência na sociedade tem causas diversas e complexas, e não é simplesmente provocada pela mídia. Tampouco é provável que se reduza a violência dizendo aos estudantes que os filmes ensinam coisas erradas – ou então proibindo-os de assistir TV ou de usar a mídia social, como alguns propõem.[27]

De igual modo, quando se trata da internet, ensinamos as crianças a ficar seguras *online*, a proteger sua privacidade e evitar conteúdo "impróprio", ou a distinguir *fake news* de fatos. Dessa perspectiva, a alfabetização midiática é vista principalmente como uma questão de autoproteção ou autorregulação: trata-se de internalizar um conjunto de regras de bom comportamento. Isso tende a resultar numa abordagem protecionista ou defensiva. As crianças são alertadas sobre os perigos que as espreitam *online* e aprendem técnicas que as ajudarão a identificá-los e evitá-los. Mas abordagens desse tipo muitas vezes mostram-se ineficazes e até contraproducentes, e mais uma vez há apenas indícios muito limitados de que tenham repercussões na vida cotidiana. Muitas vezes elas deixam de abordar as razões pelas quais essas mídias são tão atraentes e tão prazerosas para os jovens. Nessa situação, uma abordagem protecionista pode até oferecer a promessa de um "fruto proibido".[28]

É preciso buscar um contexto político mais amplo para entender o interesse crescente pela alfabetização midiática. Desde o início dos anos 2000, os governos tornaram-se cada vez mais relutantes em regular a mídia, em parte em virtude de seu compromisso ideológico com o chamado "livre mercado", mas também porque a

27 Ver Sara Bragg, "Just what the doctors ordered? Media regulation, education and the 'problem' of media violence", em: Martin Barker e Julian Petley (org.), *Ill Effects*, Londres: Routledge, 2001.

28 Ver minha postagem "The problem with teaching internet safety", em https://davidbuckingham.net/2017/10/19/the-problem-with-teaching-internet-safety.

tecnologia parece se subtrair às tentativas de controle centralizado. As próprias empresas de mídia obviamente tendem a resistir à regulação; no caso da mídia social, assumir a responsabilidade pelo conteúdo solaparia as bases de seu modelo de negócios. Desse modo, a alfabetização midiática representa uma alternativa conveniente – e aparentemente "empoderadora" – à regulação estatal.

Todavia, essa abordagem também representa uma transferência da responsabilidade do governo para o indivíduo – uma abordagem cada vez mais predominante em muitas áreas da política pública, e que alguns acadêmicos denominaram "responsabilização".[29] De acordo com a doutrina neoliberal, o mercado é o meio mais eficiente de lidar com as necessidades do cidadão/consumidor, e o "fardo" da regulação governamental precisa ser reduzido tanto quanto possível. Desse modo, as pessoas têm de aprender a cuidar de si mesmas. No caso da mídia, agora cabe ao indivíduo assumir a responsabilidade de enfrentar os desafios impostos por um ambiente midiático tecnologicamente mais complexo e mais voltado para o lucro. Assim, empoderar o indivíduo pode ser visto como uma jogada democrática, mas nesse processo qualquer conceito mais amplo de bem social ou bem público tende a desaparecer. A história da política de alfabetização midiática no Reino Unido ilustra algumas motivações desse desenvolvimento, bem como algumas questões por ele suscitadas.[30] Embora o termo

---

29 Ver, por exemplo, Nikolas Rose, *Governing the Soul: the Shaping of the Private Self*, Londres: Free Association Press, 1999.

30 Contei essa história em dois artigos, em coautoria com Richard Wallis: "Arming the citizen-consumer: the invention of 'media literacy' within UK communications policy", *European Journal of Communication* 28(5) (2013): 527-540; e "Media literacy: the UK's undead cultural policy", *International Journal of Cultural Policy*, 2016.

tenha uma história mais longa nos Estados Unidos, só apareceu no debate político na Grã-Bretanha no fim dos anos 1990. O assassinato de Philip Lawrence, um diretor de escola de Londres esfaqueado por um adolescente de 15 anos fora da escola, levou a debates previsíveis sobre o impacto da violência midiática – embora aparentemente a influência midiática não tenha tido nenhum papel na motivação do assassino. O relatório de um dos reguladores dos meios de comunicação propôs que, em vez de impor mais controle à mídia, o governo deveria considerar o potencial da alfabetização midiática como alternativa à regulação centralizada. Apesar de ter origem em ideias muito tradicionais de proteção das crianças contra influências perniciosas, o interesse político pela alfabetização midiática parecia refletir uma abordagem mais moderna, menos paternalista.

No início dos anos 2000, a alfabetização midiática era um dos temas em evidência nos círculos políticos. A Lei de Comunicações do Reino Unido de 2003 criou um novo "super-regulador" chamado Ofcom (Office for Communications, agência de comunicações), reunindo a regulação de mídia e telecomunicações. Ela encarregou o Ofcom de "promover" a alfabetização midiática, e o estatuto que rege a BBC continha uma disposição semelhante. Apesar disso, é importante reconhecer que a Lei de Comunicações tratava essencialmente de *desregulamentação*. De várias maneiras, ela procurava abrir a mídia britânica às forças de mercado e reverter o controle centralizado. A alfabetização midiática era um meio de lidar com as consequências potencialmente negativas dessa jogada.

No entanto, para alguns políticos do Partido Trabalhista (assim como para muitos educadores), a alfabetização midiática parecia implicar um projeto *educacional* mais amplo: tratava-se de desenvolver o entendimento crítico sobre a mídia e seu papel na sociedade. Assim, em 2004, a secretária de cultura Tessa Jowell previu que, "no mundo moderno, a alfabetização midiática se tornará uma habilidade tão importante quanto matemática ou ciência. Decifrar nossa mídia se tornará tão importante para nossa vida como cidadãos quanto entender a literatura o é para nossa vida cultural".[31] Jowell ressaltou a necessidade de inserir a alfabetização midiática no currículo nacional, apontando diversos lugares onde se poderia fazê-lo. Para aqueles de nós que estavam pressionando por essas coisas havia décadas, era um acontecimento sem precedentes.

Na prática, nada disso aconteceu. Em 2009, somente cinco anos depois, o relatório *Digital Britain* do governo rejeitou a alfabetização midiática como "um termo tecnocrático e especializado, entendido por formuladores de políticas, mas que realmente não integra a linguagem cotidiana";[32] e propôs abandoná-lo em prol de um Plano Nacional de Participação Digital. O escopo do trabalho do Ofcom em alfabetização midiática foi significativamente reduzido; enquanto essa política continuar em vigor, ela raramente será utilizada.

Pode-se explicar parcialmente a derrocada da alfabetização midiática em termos da dinâmica da formulação de políticas. O termo não estava definido na Lei de Comunicações, e cabia ao Ofcom determinar o foco e o escopo de suas atividades nessa área. Ele o fez de modo

---

31 https://www.theguardian.com/education/2004/jan/21/highereducation.uk2.

32 https://assets.publishing.service.gov.uk/government/uploads/system/uploads/attachment_data/file/228844/7650.pdf.

aberto e cauteloso, mas sua alçada como regulador era inevitavelmente mais estreita que a abordagem educacional mais ampla concebida por Tessa Jowell e outros. Como muitas outras ideias de política pública, a alfabetização midiática era uma solução em busca de um problema. E os problemas que se apresentavam cada vez mais com o avanço da década eram os da pedofilia e da pornografia *online* e da necessidade de incentivar a adoção de tecnologia entre grupos marginalizados. Com o tempo, a alfabetização midiática foi gradualmente reduzida ao que o chefe da área do Ofcom, Robin Blake, depois chamou de "segurança na internet e botar as vovozinhas no universo *online*".[33] Qualquer concepção educacional mais ampla da alfabetização midiática acabou dando lugar a uma noção funcional, muito mais redutiva, de habilidade tecnológica, bem como a uma necessidade de ser visto "fazendo alguma coisa" quanto à segurança *online*. Mais uma vez, tratava-se de uma lógica de benefício e risco.

No entanto, a principal razão para o abandono da alfabetização midiática estava relacionada ao fracasso dos formuladores de políticas *educacionais* em abraçar a ideia. A maioria deles era renitente, e em alguns casos abertamente hostil, à educação midiática, especialmente na forma da matéria especializada de Estudos de Mídia – uma hostilidade que considerarei mais detalhadamente no meu capítulo final. Enquanto isso, desde o início do século XXI, o ensino da própria alfabetização também foi constantemente redefinido de maneira a excluir cada vez mais qualquer consideração da mídia,

---

33 Citado em Richard Wallis e David Buckingham, "Media literacy: the UK's undead cultural policy", *International Journal of Cultural Policy*, 2016.

e na verdade qualquer concepção que ultrapasse as habilidades funcionais de ler e escrever.

Em última análise, o destino da política de alfabetização midiática no Reino Unido levanta a questão de se os governos realmente *querem* que os cidadãos adotem uma postura crítica diante da mídia, por mais que de vez em quando elogiem a ideia da boca para fora. No entanto, apesar de ter retrocedido um pouco no Reino Unido nos últimos anos, a alfabetização midiática tornou-se uma preocupação crescente para os reguladores de mídia em muitos outros países. Ela é também uma dimensão das políticas internacionais, por exemplo no trabalho da Unesco com Alfabetização Midiática e Informacional[34] e na Comissão Europeia. Aqui também não faltaram belas palavras. Por exemplo, Viviane Reding, a ex-Comissária Europeia de Sociedade da Informação e Mídia, disse em 2007:

> Na era digital, a alfabetização midiática é crucial para atingir uma cidadania plena e ativa [...]. A capacidade de ler e escrever – ou alfabetização tradicional – já não é suficiente na nossa época [...]. Todos (velhos e jovens) precisamos nos familiarizar com o novo mundo digital em que vivemos. Para isso, a informação e a educação continuada são mais importantes que a regulação.[35]

---

34 http://www.unesco.org/new/en/communication-and-information/resources/publications-and-communication-materials/publications/full-list/media-and-information-literacy-policy-and-strategy-guidelines.

35 http://europa.eu/rapid/press-release_IP-07-1970_en.htm. Ver também minha postagem "Media literacy policy in Europe: where are we going?", em https://davidbuckingham.net/2018/05/18/media-literacy-policy-in-europe-where-are-we-going.

Uma vez mais, o foco está nas habilidades funcionais e numa visão da alfabetização midiática como alternativa à regulação – embora, como vimos nos comentários de Tessa Jowell, também se enfatize bastante a cidadania ativa. Mas belas palavras significam pouco sem ação, e até aqui as mudanças têm demorado muito – ainda que se deva ressaltar que a União Europeia tem muito pouco poder para ditar a política *educacional* em âmbito nacional.

Nesse contexto internacional mais amplo, alfabetização midiática parece ser uma designação muito maleável. Muitos indivíduos e organizações diferentes a invocam numa grande variedade de contextos, e ela reflete as mais diversas motivações. Alguns consideram que a alfabetização midiática destina-se a dotar as pessoas de habilidades tecnológicas básicas, ao passo que outros a veem como um meio de alertá-las sobre os perigos do uso da mídia; para alguns, ela se destina a preservar o patrimônio cultural nacional, enquanto para outros visa promover o ativismo cívico. Pode referir-se à criatividade, à saúde pública, ao treinamento para o emprego, ao diálogo intercultural e à paz mundial. Muitas vezes parece ser uma espécie de panaceia, que pode significar qualquer coisa que se quiser.

A alfabetização midiática é uma necessidade básica da vida moderna. A mídia está em toda parte; nós precisamos entender como ela funciona e precisamos ser capazes de usá-la com eficácia. Se formos midiaticamente alfabetizados, teremos condições de exercer um grau de poder e controle que de outra forma nos seria negado. Porém, como sugeri, a alfabetização midiática costuma ser proposta como solução individualista para um conjunto mais amplo de problemas sociais. Sem dúvida é razoável maximizar benefícios e minimizar riscos: é importante que as pessoas saibam como utilizar a tecnologia e ficar seguras *online*. Mas ser alfabetizado no sentido mais amplo é muito mais do que isso.

A alfabetização midiática não se desenvolverá espontaneamente, por si só, apenas por usar-se a mídia; tampouco deve ser delegada às vagas boas intenções dos formuladores de políticas, muito menos às indústrias da mídia. Se realmente queremos cidadãos midiaticamente alfabetizados, precisamos de *educação* midiática: isto é, de programas sistemáticos e contínuos de ensino e aprendizado para todos. Na prática, a abordagem risco/benefício muitas vezes leva a soluções improvisadas que são superficiais, fragmentadas e instrumentais. A educação midiática, como a defino aqui, é mais coerente, mais desafiadora e, em última análise, mais empoderadora.

4.

PANORAMA GERAL

DEIXE-ME RECAPITULAR BREVEMENTE. Argumentei que o foco nos riscos e benefícios da mídia aponta uma série de questões importantes. Contudo, essa abordagem muitas vezes parece concentrar-se nos sintomas, e não nas causas subjacentes. Ela lida com problemas individuais à medida que surgem no debate público, em vez de considerar o uso da mídia como um todo. Somos instados a focalizar ora o *cyberbullying*, ora a radicalização *online* ou o "vício" em mídia, mas não incentivamos os jovens a analisar e refletir sobre suas próprias práticas cotidianas de mídia em geral. Além disso, muitas vezes se consideram apenas os riscos, sem se levarem em conta também os potenciais benefícios. Transmitimos às crianças mensagens ambíguas, alertando-as sobre os perigos da mídia, por um lado, e tentando desenvolver sua autonomia como usuários de mídia, por outro. Não permitimos que elas desenvolvam uma visão crítica mais ampla sobre o funcionamento dessas mídias como formas de comunicação e cultura e como indústrias comerciais.

A alfabetização midiática parece ser um meio de maximizar benefícios enquanto reduz os riscos, ou ao menos permite que os jovens o façam. Mas na prática passou a ser vista em termos limitados e instrumentais, como um recurso para promover a segurança na internet ou para desenvolver habilidades técnicas e operacionais. Os formuladores de políticas tendem a ver a alfabetização midiática como mera alternativa palatável à regulação centralizada; seu compromisso com ela muitas vezes se restringe a um conjunto de boas intenções retóricas. A alfabetização midiática significa muito pouco sem um programa sistemático e contínuo de *educação* midiática.

O exemplo das chamadas "*fake news*" ilustra muito bem esses problemas.[36] A preocupação com a desinformação na mídia nada tem de novo, apesar de ter aumentado significativamente após a campanha para as eleições de 2016 nos EUA. Como sempre, houve uma tendência a culpar a mídia por fenômenos muito mais complexos e difíceis de explicar. As *fake news* são um sintoma de mudanças bem mais amplas no ambiente político – inclusive da crescente desconfiança das pessoas em relação aos políticos. Contudo, são também um sintoma de mudanças na própria mídia. Enquanto a "velha" mídia, como jornais e televisão, continua a desempenhar um papel, a mídia social pode facilmente contornar as regulamentações legais da reportagem factual e ser usada para espalhar boatos e desinformação com muito mais rapidez. Pode-se ver as *fake news* como uma forma de caça-cliques, altamente lucrativa para seus disseminadores e para as empresas de mídia social. Na era das "bolhas", temos cada vez mais condições de selecionar e personalizar nosso ambiente midiático de maneira a confirmar nossas crenças preexistentes.[37] Mais uma vez, isso é parte da lógica econômica: notícias que apelam para posições ou preconceitos já estabelecidos têm muito mais probabilidade de ser curtidas e compartilhadas, gerando assim mais renda para as empresas de mídia.

As *fake news* também integram um panorama muito maior. A mídia é inevitavelmente seletiva e parcial – e isso se aplica quer a um noticiário na BBC ou na CNN, quer ao tuíte ou à postagem atualizada no Facebook que pu-

---

36 Para mais detalhes, ver minha postagem "Fake news: is media literacy the answer?", em https://davidbuckingham.net/2017/01/12/fake-news-is-media-literacy-the-answer.

37 Ver Eli Pariser, *The Filter Bubble: What the Internet is Hiding from You*, Londres: Penguin, 2012.

blicamos num intervalo nesta manhã. Um dos maiores problemas do termo "*fake news*" é a insinuação de que é simples distinguir o verdadeiro do falso. Nesse processo, as notícias "reais" parecem ser isentas de culpa. Sem dúvida, existem algumas verdades absolutas e algumas falsidades absolutas, mas entre elas há uma zona cinzenta bem grande. Em vez de simplesmente apontar o que é falso ou fabricado, precisamos identificar as formas de viés presentes em *todas* as fontes de informação.

A maioria dos especialistas concorda que não deve ser fácil regular ou erradicar as *fake news*. Logo, uma vez mais, considerou-se a alfabetização midiática como uma solução alternativa. Assim, houve campanhas de conscientização do público, algumas até promovidas ou financiadas pelas próprias empresas de mídia social. Em muitos países, também houve apelos para ensinar as crianças sobre *fake news* em sala de aula. No entanto, essa não é uma tarefa simples. Não conseguiremos combater as *fake news* com listas simplistas que pretendem detectar a diferença entre verdadeiro e falso. Não podemos atacar o problema isoladamente; precisamos de um entendimento muito mais sofisticado e profundo de como a mídia (incluindo as notícias, em todas as suas formas) representa o mundo, e de como ela é produzida e usada. Necessitamos de uma estratégia educacional coerente, não mais de uma solução improvisada.

É isso que a educação midiática visa proporcionar. Enquanto a ênfase na *alfabetização* midiática é relativamente recente nos círculos políticos, a *educação* midiática tem uma história muito mais longa, ao menos no Reino Unido. Todavia, as abordagens de educação midiática existentes foram desenvolvidas quase todas na era da velha mídia "de massa" e ainda se concentram sobretudo no cinema e na televisão, nos jornais e na publicidade. Durante muitos anos, professores mais ousados têm trabalhado com mídias digitais como jogos eletrônicos e a internet. Mas ainda não se sabe ao certo em que medida, e de que maneira, é preciso adaptar ou ampliar a educação midiática para poder lidar com as mudanças contemporâneas na mídia.

Como podemos caracterizar esse novo ambiente midiático? Sem superestimar as diferenças entre "novo" e "velho", as formas como essas mídias atuam são muito diferentes. Não é apenas uma questão de tecnologia, mas da relação ou do contrato entre o produtor e o usuário de mídia. Com algumas exceções importantes (como o serviço público de rádio e TV), a velha mídia vende conteúdo diretamente ao público, ou vende o público aos anunciantes. Em alguns casos, ela faz ambas as coisas. Nós compramos uma revista, por exemplo, mas os anunciantes também compram espaço na revista na esperança de nos convencer a comprar seus produtos. Ao contrário, o modelo de negócio básico de serviços como Facebook e Google depende da coleta e venda de dados sobre seus usuários, dados que depois serão usados para direcionar publicidade a tais usuários. Embora esses serviços deem acesso ao conteúdo, são os usuários que criam ao menos parte do conteúdo. Esses serviços parecem ser gratuitos no aspecto do uso, mas de fato nós pagamos por eles ao "doar" ou ao dar acesso aos nossos dados pessoais.

Essas novas empresas de mídia são exemplos do chamado "capitalismo de plataforma" (ou capitalismo "comunicacional" ou "em rede").[38] Embora obviamente ain-

---

38 Ver Nick Srnicek, *Platform Capitalism*, Cambridge: Polity, 2016. Sobre capitalismo comunicacional, ver Jodi Dean, *Democracy and Other Neoliberal Fantasies*, Durham, NC: Duke University Press, 2009.

da existam tipos mais antigos de empresas capitalistas, muitos setores da economia são cada vez mais dominados por empresas que negociam dados. Cada clique ou toque que damos em nossos computadores e *smartphones* representa um dado que pode ser usado para nos direcionar para publicidade e *marketing* com mais eficiência – incluindo campanhas políticas. Estima-se que o Facebook, por exemplo, tenha até 98 "pontos de dados" pessoais de cada usuário, que cobrem tudo, desde sua localização geográfica, gênero e idade até informações sobre seu posicionamento político, saúde física e relações íntimas.[39] Essas empresas interagem cada vez mais entre si: elas sabem o ID do nosso celular, o que fazemos em outras plataformas *online* e o que compramos, tanto *offline* como *online*. Em alguns aspectos, isso é vantajoso, dispensando-nos de debulhar o material que o algoritmo da empresa decide ser irrelevante para nós – embora o algoritmo nem sempre seja preciso. No entanto, é um processo praticamente invisível para o usuário. É possível, mas não é fácil, descobrir o que essas empresas sabem (ou pensam saber) sobre nós, porém não podemos usar essas plataformas sem abrir mão de nossos direitos sobre nossos próprios dados.

Outro termo às vezes usado aqui – em geral pelas próprias empresas – é "economia compartilhada".[40] A ideia de "compartilhar" parece implicar o uso comunitário de recursos e relações de reciprocidade, confiança e

---

39 https://www.washingtonpost.com/news/the-intersect/wp/2016/08/19/98-personal-data-points-that-facebook-uses-to-target-ads-to-you/?noredirect=on&utm_term=.a7256f1ec183.

40 Ver Tom Slee, *What's Yours is Mine*, Londres: OR Books, 2015. Para uma aplicação à mídia, ver minha postagem "Media and the sharing economy", em https://davidbuckingham.net/2017/05/02/media-and-the-sharing-economy.

apoio mútuo. Compartilhar muitas vezes se alinha com temas de justiça social e democracia. Mas a *economia* compartilhada é outra questão – como mostraram as operações predatórias de empresas como Uber e Airbnb; tais empresas tornaram-se tristemente famosas por se subtrair à regulação pública em áreas como direito trabalhista e fiscal, saúde e segurança. De igual modo, plataformas como Facebook, YouTube, Flickr, Pinterest e Twitter apresentam-se como serviços que permitem o compartilhamento livre de material de mídia. Contudo, com exceção da Wikipédia, todas elas são plataformas comerciais que costumam recolher dados, gerando (ou prometendo gerar) enormes lucros para seus proprietários. Ao se apresentar como simples empresas de tecnologia, elas conseguem fugir à responsabilidade pelo conteúdo que oferecem e resistir a qualquer tentativa de regulação pública.

Em certa medida, pode-se ver o capitalismo de plataforma como uma questão de "o vencedor leva tudo". Quanto maior a plataforma, maiores as chances de querermos usá-la. Entramos numa rede social porque todos os nossos "amigos" estão lá, e nos recusamos a mudar para outra rede porque nenhum dos nossos amigos o fez. É o chamado "efeito de rede". Nós acumulamos nosso capital social na rede, mas não podemos levá-lo conosco ao sair: nossos dados – ou o que alguns descrevem como o fruto de nosso "trabalho digital"[41] – pertencem à empresa. De igual modo, é mais provável que compremos – e que os vendedores vendam – nas grandes plataformas de compras *online* como a Amazon do que

41 Há um extenso debate sobre esta questão. Para uma perspectiva, ver Christian Fuchs, *Social Media: A Critical Introduction*, 2. ed., Londres: Sage, 2017.

numa pequena. Os compradores querem opções de escolha e conveniência, os vendedores querem o maior mercado possível. Inevitavelmente tende-se ao monopólio – sobretudo porque muitas dessas empresas são impiedosas em eliminar a concorrência e integrar diferentes aspectos de seu negócio.

Mesmo assim, esse processo não é garantido, e é importante evitar simplificá-lo em excesso. Historicamente, o mercado de mídia digital mostrou-se muito volátil. Poucos de nós nos lembramos de empresas que já foram dominantes, como o MySpace ou o Yahoo, e até plataformas imensas como o eBay começaram a sumir. No momento em que escrevo, o Facebook enfrenta desafios, não tanto por seus recentes vazamentos de dados, mas porque os mais jovens agora parecem abandoná-lo – ainda que muitos migrem para o Instagram e WhatsApp, que também pertencem ao Facebook.[42] É possível que os anunciantes percam a confiança no valor dos dados do Facebook, especialmente à medida que aprendemos mais sobre o uso de "bots" e outros tipos de fraude de dados. Mesmo assim, é difícil imaginar que o Facebook desapareça em breve, até por causa da inércia do efeito de rede – embora a permanência de seu domínio mundial não esteja garantida. A forma como o capitalismo funciona é mais complicada, e até mais precária e incerta, do que alguns de seus críticos parecem presumir. O principal paradoxo é que, apesar de seu crescente domínio da mídia, essas empresas também fornecem os meios para a criatividade, o ativismo e o debate digital – e até o "compartilhamento" – que os

---

42 https://www.theguardian.com/technology/2018/feb/16/parents-killed-it-facebook-losing-teenage-users?CMP=twt_a-media_b-gdnmedia.

primeiros entusiastas da internet estavam tão ansiosos em proclamar.

Não obstante, esse modelo de negócio básico tem graves consequências para o que vemos *online* e na forma como nos comunicamos. Quanto mais clicamos no que "gostamos", mais nos sujeitamos a receber coisas que reforçam nossas preferências ou mesmo nossas crenças políticas. As coisas que geram mais atenção são as que aparecem no topo nos nossos resultados de busca, e isso inevitavelmente dá mais destaque aos que já são "celebridades" e aos que expressam as opiniões mais ultrajantes ou a indignação mais intensa. Não há razão econômica (e, portanto, muito pouca razão em geral) para as empresas de mídia social se importarem com o conteúdo – com sua fidedignidade ou qualidade, ou se é fraudulento ou foi roubado de outro lugar. Embora queiram manter uma boa reputação e evitar infrações óbvias, no fim o que elas realmente precisam é de caça-cliques.

Como sugeri, essas qualidades inerentes tanto ao modelo de negócio quanto à tecnologia em que ele se baseia não produzem mudança social por si sós. No entanto, elas podem reforçar mudanças que já estão acontecendo. Mais uma vez, é importante evitar generalizações fáceis. Enquanto alguns alegam que o mundo moderno está se tornando mais individualista, outros afirmam que pouco a pouco estamos ficando mais conectados. Alguns dizem que antigas tradições estão desaparecendo, enquanto outros veem uma polarização crescente, na qual as pessoas regridem para formas de fundamentalismo. Alguns celebram a diversidade, outros veem apenas a desigualdade crescente. Alguns afirmam que nos encaminhamos para um mundo de sobrecarga de informação e vigilância total, onde tudo é comercializado, ao passo que outros alegam que o livre acesso à informação é uma garantia de liberdade política. Obviamente há debates muito mais amplos a serem travados aqui, mas não é difícil ver como as mudanças no ambiente midiático reforçam esses acontecimentos – e potencialmente o fazem de formas contraditórias. São debates nos quais os educadores de mídia e seus estudantes podem e devem se envolver.

Os processos que descrevi aqui possibilitam as formas básicas de comunicação que agora fazem parte do cotidiano da maioria das pessoas no mundo. No entanto, há evidências de que poucos de nós – adultos e jovens – realmente entendem como elas funcionam. Por exemplo, a maioria das pessoas não parece saber como nem por que determinados resultados aparecem no topo da busca do Google (e raramente olha além deles).[43] Não entendemos por que duas pessoas que buscam os mesmos termos em seus aparelhos pessoais obterão resultados diferentes, ou por que a propaganda que aparece numa plataforma reflete atividades que realizamos em outra plataforma aparentemente sem relação com aquela. O funcionamento dos algoritmos é efetivamente invisível para o usuário. Os algoritmos muitas vezes são vistos como algo puramente técnico, embora o que um algoritmo faz dependa do que seu projetista definiu como significativo, dos tipos de dados coletados, da maneira como diferentes formas de dados se relacionam entre si e do que define um resultado bem-sucedido. Como outras formas de processamento de dados, os al-

---

43 Ver a pesquisa do Ofcom sobre uso de mídia e atitudes de adultos, em https://www.ofcom.org.uk/__data/assets/pdf_file/0011/113222/Adults-Media-Use-and Attitudes-Report-2018.pdf.

goritmos de modo algum são neutros, automaticamente objetivos ou verdadeiros.[44]

Além disso, também precisamos levar em conta a história. A "velha" mídia ainda é uma dimensão central da vida contemporânea. As gerações mais jovens talvez não leiam jornais (se é que já leram) ou assistam muito à televisão aberta, mas ainda leem e assistem boa parte do mesmo material *online*. As chamadas empresas de mídia "obsoletas" usam cada vez mais a mídia social, não apenas para *marketing*, mas também para envolver seu público de formas mais dinâmicas. Novas e velhas empresas de mídia sabem que têm de lidar umas com as outras se quiserem sobreviver num mercado incerto. Sem dúvida, algumas formas de velha mídia – a começar pelos jornais – provavelmente não sobreviverão; mas outras, como a televisão (e particularmente o drama televisivo), parecem prosperar nesse contexto, ainda que agora sejam apresentadas em vários formatos *online*.

Ao mesmo tempo, tem sido cada vez mais difícil distinguir entre mídia "de massa" e as formas mais pessoais ou individuais de comunicação em que nos envolvemos –, que não são concebidas para um público de massa. A palavra "*media*" é um substantivo plural (no inglês e no latim), mas nós ainda falamos *da* mídia como se fosse uma única coisa com características compartilhadas. Também tendemos a apontar para "A Mídia" como se ela tivesse algum tipo de poder independente, independente das pessoas que a usam: nós culpamos a mídia, a julgamos responsável, lamentamos ou celebramos sua força subversiva. Mas num mundo onde quase tudo é mediado,

---

44 Ver Cathy O'Neil, *Weapons of Math Destruction*, Londres: Penguin, 2017.

é difícil identificar onde a mídia começa e onde termina. Numa era de computadores vestíveis e assistentes digitais pessoais, de impressoras 3D e realidade virtual, a mídia está se tornando cada vez mais profundamente embutida em nosso cotidiano – assim como os meios pelos quais as empresas de mídia podem recolher dados sobre nós. Está ficando cada vez mais difícil identificar um mundo *sem* mídia ou *fora* dela. Nesse contexto, pode fazer mais sentido falar da *mediação* como um processo, em vez da mídia como um substantivo singular.

Afastar-se desse mundo intensamente mediado certamente não é fácil. É difícil indagar o que somos muitas vezes inclinados e incentivados a achar normal. Existem aspectos da mídia que às vezes estão escondidos da visão, e temos de saber mais sobre eles. Talvez seja preciso pegar as coisas que parecem muito familiares e "torná-las estranhas" para olhar para elas com novos olhos. Claramente, a abordagem fragmentada de atacar diversos riscos da mídia não será suficiente, tampouco fornecer um simples treinamento para operar a tecnologia midiática ou escrever código de computador. Como educadores, temos de considerar o panorama mais amplo que tracei aqui, e precisamos fazê-lo de maneira abrangente, coerente e crítica.

5.

SEJAMOS CRÍTICOS

"CRÍTICO" É UM TERMO PROBLEMÁTICO. Ao afirmar que alguém é crítico, muitas vezes queremos dizer que ele está apenas sendo negativo. Se acusamos alguém de ser crítico *demais*, estamos insinuando que ele está sendo desequilibrado e deixando de levar em conta os aspectos positivos do que está discutindo. Por outro lado, também acusamos as pessoas de serem *a*críticas: elas estão deslumbradas demais para ver o lado ruim das coisas junto com o bom. Muitas vezes há um elemento de "nós e eles" nisso. *Nós* somos críticos, enquanto os que discordam de nós são acríticos: suas opiniões são simplesmente resultado de sua própria estupidez. Nessa situação, é importante explicar mais detalhadamente o que quero dizer com pensamento crítico, tanto em geral quanto especificamente em relação à educação midiática.

Aprender não é meramente ter acesso à informação. Temos de apreender, interpretar e aplicar a informação para transformá-la em conhecimento. O pensamento crítico nos leva alguns passos mais adiante: trata-se de como analisamos, sintetizamos e avaliamos a informação. O pensamento crítico obviamente envolve lógica. Significa, por exemplo, examinar como os passos de um argumento estão relacionados e identificar lacunas e potenciais contradições. Também implica uma abordagem rigorosa das provas: identificar os tipos de prova necessários, avaliar as fontes mais confiáveis, mensurar a qualidade e a relevância das provas, e considerar em que medida elas realmente provam o que é proposto. O pensamento crítico implica o questionamento das pressuposições fáceis e a consideração de formas alternativas de examinar um problema. Isso muitas vezes equivale a contestar o modo como uma questão é formulada, ou os termos em que é definida; exige que examinemos o que está incluído e excluído do quadro, e quais as possíveis consequências disso.[45]

O pensamento crítico é um processo reflexivo, em que constantemente temos de questionar nossos próprios preconceitos, interpretações e conclusões. Significa evitar juízos apressados e reconhecer as limitações das alegações que fazemos sobre o que sabemos, portanto sobre o grau de certeza que de fato podemos ter. Não se trata de adotar uma visão de mundo predeterminada ou um conjunto fixo de crenças filosóficas ou políticas. É claro que todos temos nossas próprias pré-concepções e valores. O pensamento crítico não pode nos fazer abrir mão deles, mas pode nos ajudar a questioná-los e a ser mais rigorosos com nossa própria análise. Todavia, é importante não confundir crítica com cinismo, nem usá-la como justificativa para resignação e apatia. Afinal, o pensamento crítico também deve levar à *ação* crítica.

O pensamento crítico desse tipo é especialmente importante ao lidar com a mídia.[46] As razões para isso são bastante óbvias. Além das nossas experiências pessoais imediatas, a maior parte do que sabemos sobre o mundo em geral é transmitida pela mídia. De fato, numa era de mídia social e comunicações móveis, grande parte de nossa vida privada também é mediada. A mídia representa o mundo de modos específicos e faz toda uma gama

---

45 Em relação a esse tópico, há uma valiosa introdução para estudantes da Universidade Aberta, chamada *Thinking Critically*, em http://www.openuniversity.edu/sites/www.openuniversity.edu/files/brochures/Critical-thinking-Open-University.pdf.

46 Escrevi sobre como as ideias de "pensamento crítico" dos educadores de mídia mudaram com o tempo no artigo: https://ddbuckingham.files.wordpress.com/2018/07/going-critical.pdf.

de alegações sobre ele. Essas alegações eventualmente são bem explícitas, mas muitas vezes são feitas de modo "invisível": podem invocar pressuposições, ou ativar reações emocionais, ou nos convidar a identificar ou reagir de determinadas maneiras que podem não ser imediatamente óbvias. Muitas vezes elas envolvem narrativas, histórias de causa e efeito ou bem e mal, que procuram atiçar nossos desejos e fantasias. E isso pode ficar muito mais complexo quando essas declarações são feitas num formato audiovisual, em que se combina a linguagem verbal com imagens estáticas e móveis, música e som, e atuação dramática.

No entanto, é importante refletir sobre isso também. Existe um amplo conjunto de análises populares sobre a mídia – o que a mídia é, como ela funciona, seus impactos ou efeitos. Esses comentários muitas vezes repousam em generalizações e pressuposições que precisam ser questionadas; eles tendem a enquadrar e definir os problemas de maneira estreita e parcial; e frequentemente recorrem a provas limitadas ou inadequadas. Costuma-se desvincular a mídia de outras questões sociais. Muitas vezes o foco são os últimos acontecimentos, em detrimento de um exame da história, e tende-se a culpar a mídia por praticamente qualquer problema social. Apesar de suas deficiências, esse tipo de comentário pode ser altamente influente, não apenas na vida cotidiana, mas também nos estudos acadêmicos. Pensar criticamente sobre a mídia significa desenvolver um ceticismo saudável em relação a algumas dessas afirmações abrangentes – em especial as que se referem ao poder e aos efeitos da mídia.

O que isso pode significar mais especificamente em termos de currículo? Por muitos anos, o currículo de educação midiática no Reino Unido foi definido por um conjunto de conceitos críticos, em vez de determinado *corpus* de conteúdo ou conhecimento.[47] Isso dava aos professores um grau considerável de autonomia ao escolher temas de estudo específicos; e assim permitiu que eles fossem mais sensíveis, tanto às necessidades e interesses de seus estudantes quanto aos novos acontecimentos na mídia. Esses conceitos eram usados desde os anos 1970, mas foram efetivamente formalizados ao final da década de 1980. Diversas versões do quadro continuam a coexistir, e variantes dessa abordagem estão presentes em países onde a educação midiática foi instituída há anos, embora as diferenças não sejam especialmente significativas.

Os quatro conceitos críticos relacionam-se a aspectos fundamentais de toda mídia: linguagem midiática, representação, produção e público. Assim, toda mídia usa determinadas técnicas e dispositivos retóricos – determinadas formas de *linguagem midiática* – para criar significados, comunicar e persuadir. Elas fazem afirmações sobre como o mundo é, e tentam nos convencer de sua veracidade: elas *representam* o mundo de determinadas maneiras e não de outras. A mídia é *produzida* por indivíduos e organizações – e muitas vezes por poderosas e rentáveis indústrias comerciais – com motivações e interesses específicos em jogo. Elas se dirigem a nós como *público*, oferecendo informação, prazer e entretenimento; e, usando-as e extraindo sentido delas, nós desenvolvemos um sentido mais amplo de nossa identidade e nosso lugar no mundo. Esses conceitos se sobrepõem

---

47 Há uma discussão mais longa dessa abordagem em meu livro *Media Education*, Cambridge: Polity, 2003, cap. 4.

e informam mutuamente, mas podem ser considerados separadamente com um pouco mais de detalhe.

Linguagem midiática – Todo meio de comunicação tem sua própria combinação de linguagens que ele usa para transmitir significado. A televisão, por exemplo, usa linguagem verbal e escrita, além das "linguagens" de imagens em movimento e som. Pode-se considerar essas coisas como linguagens no sentido de que usam códigos e convenções familiares que costumam ser entendidos. É possível, por exemplo, usar determinados tipos de música ou ângulos de câmera para evocar determinadas emoções, assim como editar uma sequência de tomadas segundo certas regras estabelecidas. Alguns idiomas ou gêneros familiares usam determinadas combinações de padrões e aparelhos – mas é claro que as regras também podem ser quebradas. Analisando essas linguagens, podemos entender melhor como se criam significados.

Assim, estudar as linguagens midiáticas significa examinar: como a mídia usa diferentes formas de linguagem para transmitir ideias ou significados; como esses usos de linguagem tornam-se familiares e geralmente aceitos; como se estabelecem as "regras" e o que acontece quando elas são quebradas; como se transmite o significado pela combinação ou sequenciamento de imagens, sons ou palavras; e como essas convenções e códigos atuam em diferentes tipos ou gêneros de mídia.

Representação – Evidentemente, a mídia não nos oferece a transparência de uma "janela para o mundo", mas uma *versão* mediada disso. Ela não apresenta meramente a realidade: ela a re-presenta. Mesmo quando se volta para eventos da vida real (como em noticiários e documentários), a produção de mídia envolve selecionar e combinar acontecimentos, construir argumentos, transformar eventos em histórias e criar personagens. Logo, a mídia está fadada a ser "parcial" em vez de objetiva; e, como nós olhamos através da mídia, é provável que encontremos padrões coerentes no modo como determinados grupos sociais são representados, ou até mal representados. Contudo, isso não implica que ela esteja enganando o público com representações falaciosas da realidade. O público também compara a mídia com sua própria experiência: ele faz juízos sobre o grau de realismo da mídia e em que medida pode confiar nela. Além disso, as representações da mídia podem ser vistas como reais de certas maneiras, mas não de outras: podemos saber que algo é fantasioso, porém reconhecer que ainda pode nos dizer algo sobre a realidade.

Estudar as representações da mídia significa examinar: como a mídia alega dizer a verdade, ser realista ou autêntica; o que, ou quem, ela escolhe incluir e excluir; como ela representa determinados grupos sociais ou eventos, ou outros aspectos do mundo, e quão precisas são essas representações; e as potenciais consequências disso sobre as atitudes, valores e crenças do público.

Produção – Toda mídia é criada e fabricada conscientemente. Embora alguns textos midiáticos sejam feitos por indivíduos que trabalham sozinhos, só para si ou sua família e amigos, muitos são produzidos e distribuídos por grupos de pessoas, muitas vezes com o propósito de lucro comercial. Produzir mídia envolve certos tipos de tecnologia e certos tipos de mão de obra. Há diversos interesses econômicos em jogo na produção de mídia, e os lucros são gerados de muitas formas – inclusive "explorando" uma dada propriedade ou marca em toda uma gama de mídia. As indústrias de mídia operam numa escala cada vez mais global, mas certos grupos sociais têm muito mais chance de ter acesso à mídia do que outros. Esses fatores econômicos têm implicações para as representações da mídia e para o público.

Estudar a produção de mídia significa examinar: as tecnologias envolvidas na produção e distribuição; os diferentes papéis e tipos de trabalho envolvidos; as empresas que compram e vendem mídia, e como elas geram lucro; como a produção e distribuição de mídia é regulada; como a mídia atinge o público, e o grau de escolha e controle que o público tem.

Público – Como a mídia proliferou, ela tem cada vez mais que competir pela atenção e interesse das pessoas. Os produtores de mídia podem imaginar que sabem o que diferentes grupos de pessoas vão querer, mas muitas vezes é difícil explicar por que algumas coisas tornam-se populares e outras não. Estudar o público da mídia significa examinar como o público é definido e medido, e como a mídia circula e é distribuída. No entanto, também temos de considerar as diferentes formas como indivíduos e grupos sociais usam, interpretam e reagem à mídia. O público muitas vezes é considerado como *outras* pessoas, que por diferentes razões são consideradas particularmente suscetíveis à influência da mídia. Além de avaliar tais alegações sobre o público, também precisamos entender e refletir sobre nosso próprio uso da mídia.

Estudar o público da mídia significa, portanto, examinar: como a mídia define e aborda determinados públicos, e as pressuposições que os produtores de mídia fazem sobre eles; como a mídia atinge o público através de diferentes tecnologias e canais; como as pessoas usam a mídia em seu cotidiano, como a interpretam e que prazer tiram dela; e como esses processos variam de acordo com fatores sociais como gênero, classe social, idade e etnia.

Em conjunto, esses conceitos abarcam questões fundamentais sobre o poder da mídia, mas o fazem de maneiras que reconhecem sua natureza dinâmica e complexa. Problemas de economia, política e ideologia são preocupações fundamentais, mas estética, prazer e fantasia também são. Desigualdades – por exemplo, de classe social, gênero, idade e etnia – são relevantes em todas as áreas que mencionei. Todavia, esta não é uma descrição monolítica do poder da mídia, do tipo que vem se tornando cada vez mais popular nas teorias de conspiração em todo o espectro político. Raiva e indignação moral às vezes são reações totalmente justificadas à cobertura midiática. Mas, de um ponto de vista educacional crítico, temos de insistir no uso cuidadoso de provas, na necessidade de argumentação lógica e na importância de evitar generalizações preguiçosas. Precisamos entender em detalhe como e por que as coisas funcionam como funcionam, especialmente se quisermos que elas mudem.

Como mencionei, esse quadro conceitual foi desenvolvido inicialmente mais de trinta anos atrás, quando a televisão era o meio predominante. Restam questões sobre em que grau e de que forma ele pode precisar ser adaptado ou desenvolvido em relação à nova mídia digital. Como ele pode nos ajudar a compreender o panorama mais amplo que descrevi? A meu ver, o quadro continua relevante e útil, e nos capítulos 7 e 8 passarei a demonstrar isso especificamente em relação à mídia social.

Finalmente, é importante enfatizar que esses conceitos não foram concebidos para atuar como certezas, mas como foco para um conjunto de questões. Eles não estão gravados na pedra, mas devem ser discutidos e contestados. O objetivo não é exigir a adesão dos estudantes a uma determinada posição predefinida, mas possibilitar que façam suas próprias perguntas e reflitam sobre suas próprias interpretações e experiências de mídia de modo sistemático e rigoroso. Eles são ferramentas críticas, não artigos de fé.

6.

PEDAGOGIA: ARMADILHAS E PRINCÍPIOS

SE O PENSAMENTO CRÍTICO É O OBJETIVO, como pode ser alcançado? Além de definir *o que* devemos ensinar (o currículo), também precisamos considerar *como* devemos ensinar (isto é, a pedagogia). Nos dois capítulos seguintes, vou examinar como a educação midiática pode funcionar na prática, especialmente em relação à mídia social. Antes disso, no entanto, quero identificar três armadilhas comuns no ensino de mídia. Depois passarei a delinear o que acredito que seja uma abordagem mais eficaz, e deduzir alguns princípios mais gerais para a pedagogia da educação midiática.

Já discuti a primeira dessas armadilhas: uma abordagem defensiva ou protecionista.[48] Sob esse ponto de vista, a educação midiática é uma alternativa à regulação e um tipo de profilaxia contra efeitos danosos. Como observei, essa abordagem evidenciou-se nos debates sobre violência na mídia, mas também foi aplicada a uma série de outros problemas aparentemente relacionados à mídia, como drogas, obesidade, consumismo e "vício em mídia". Ela parte do pressuposto de que, incentivando as crianças a controlar seu próprio uso da mídia e a resistir a certos tipos de mensagens midiáticas e rejeitá-las, de alguma forma nós as imunizaremos contra a influência da mídia. Em geral, essa abordagem visa afastar completamente as crianças da mídia, reduzindo seu consumo de mídia e levando-as a consumir coisas "melhores".

A abordagem protecionista baseia-se em pressuposições altamente questionáveis sobre os efeitos da mídia. Ela não aborda as razões pelas quais os jovens usam a mídia: o prazer costuma ser considerado apenas um tipo

---

48 Ver meu artigo "Media education in the UK: moving beyond protectionism", *Journal of Communication* 48(1) (1998): 33-43.

de armadilha ou ilusão. Na prática, os estudantes muitas vezes resistem a essa abordagem, mesmo quando parecem fazer o mínimo exigido: eles a consideram condescendente e autoritária. Avisos constantes dos perigos de um comportamento "inseguro" ou "não saudável" na mídia parecem fazer pouca diferença duradoura na vida real dos estudantes.

Embora essa abordagem protecionista ainda predomine, sobretudo nos Estados Unidos, em outros lugares a educação midiática tende a focalizar questões políticas e culturais mais amplas. Contudo, aqui há outra armadilha, especialmente difundida no Reino Unido nos anos 1970 e 1980: o uso da educação midiática como um tipo de contrapropaganda.[49] Em muitos aspectos, essa abordagem constitui outra forma de imunização, que não se concentra tanto no comportamento ruim, mas em atitudes ruins. O objetivo aqui é substituir mensagens "falsas" por outras "verdadeiras", ou fornecer ferramentas analíticas para que os estudantes possam "desmistificar" a mídia. Essa abordagem obviamente pressupõe que os estudantes são "mistificados" e que se darão conta disso ao ser alertados – abandonando assim suas falsas crenças. Essa abordagem parece ter ressurgido em algumas propostas recentes de ensino sobre as chamadas "*fake news*".

Pesquisas sugerem que esse tipo de imunização política pode facilmente degenerar num exercício de adivinhar o que passa pela mente do professor.[50] O que se apresenta como análise aberta pode muitas vezes ser determinado pelos esforços do professor de exigir adesão à sua própria visão preconcebida. Os professores po-

49 Ver meu livro *Media Education, op. cit.*, especialmente cap. 7-9.

50 *Media Education, op. cit.*, cap. 7, traz um resumo dos estudos relevantes.

dem incentivar os estudantes a encontrar as respostas "certas" e a ser politicamente corretos; os estudantes podem dançar conforme a música, ou então resistir às expectativas do professor simplesmente para desafiar sua autoridade. Essa abordagem parece ser decorrente de uma rejeição do prazer, como algo politicamente incorreto. Pode ser necessário "admitir" ou "confessar" que se apreciam certas coisas; mas o objetivo da análise crítica aqui é superar esses falsos prazeres e indicar o verdadeiro caminho para a iluminação. Além de ser muito racionalista, essa abordagem também depende de uma relação bastante autoritária entre professor e estudante.

A terceira abordagem é, em alguns aspectos, diametralmente oposta às duas que apontei, e de origem mais recente. Aqui a ênfase não está na imunização, mas na criatividade. Em meados dos anos 2000, o advento da "Web 2.0" levou alguns educadores a propor uma perspectiva radicalmente nova do ensino de mídia, que denominaram "Estudos de Mídia 2.0".[51] Os jovens, afirmavam eles, eram agora "nativos digitais": como sabiam muito mais que seus professores sobre essas novas mídias, só precisavam da oportunidade de criar coisas. De acordo com essa narrativa, as novas tecnologias tornaram supérfluo o pensamento crítico: com a tecnologia, os estudantes poderiam ser criativos, expressar-se e atingir a libertação. A análise de mídia, dizia-se, limitava-se a enunciar o óbvio: era racionalista, condescendente e antiquada.

---

51 Ver David Gauntlett, *Media Studies 2.0*, ed. do autor, 2011, e minha crítica "Do we really need media education 2.0?", em: K. Drotner e K. Schroder (ed.), *Digital Content Creation*, Nova York: Peter Lang, 2010.

As novas tecnologias certamente ofereceram aos estudantes novas oportunidades significativas de se envolver na criação de mídia. Mas "criatividade" é, de certa forma, um termo paliativo: nenhum educador afirmará que preferia que as crianças *não* fossem criativas. A falta de precisão sobre o significado da criatividade e sobre as maneiras de desenvolvê-la produziu pensamentos vagos e sentimentais. Tende-se a considerar criatividade e participação como coisas boas em si, independentemente do que criamos ou de como participamos, ou para qual finalidade. Esse tipo de euforia criativa perde de vista a necessidade contínua de pensamento crítico.[52]

Ao contrário dessas perspectivas, a abordagem pedagógica que estou delineando aqui deriva de alguns pontos de partida bem diferentes. Os educadores de mídia dispõem de um amplo conjunto de estratégias pedagógicas desenvolvidas ao longo de várias décadas de trabalho em sala de aula.[53] Em termos gerais, é possível identificar três dimensões da pedagogia da educação midiática, alinhadas à noção de alfabetização. Isso implica uma relação dinâmica entre *leitura* (isto é, análise textual); *escrita* (ou produção criativa); e *análise contextual* (que situa a leitura e a escrita individual num contexto social mais amplo).[54]

Uma *análise textual* sistemática é uma dimensão essencial da educação midiática e deve continuar assim,

---

52 Para uma resenha crítica dos debates nesta área, ver a análise de Shakuntala Banaji, Andrew Burn e David Buckingham, *Rhetorics of Creativity*, Londres: Creative Partnerships, 2010.

53 Ver meu livro *Media Education*, *op. cit.*, cap. 5.

54 Ver os resumos, delineando os objetivos em cada área e propondo meios de avaliação: https://ddbuckingham.files.wordpress.com/2015/04/media-literacy-concepts-processes-practices.pdf; https://ddbuckingham.files.wordpress.com/2015/04/media-literacy-assessment.pdf.

independentemente de estarmos lidando com uma complexa sequência cinematográfica, uma primeira página de jornal ou um *post* curto num *site* de microblogues. A análise textual relaciona-se mais obviamente com as dimensões de linguagem midiática e representação. Assim, pede-se aos estudantes que façam leituras sistemáticas, usando abordagens derivadas sobretudo da semiótica, do estruturalismo ou da análise do discurso. Essa abordagem ajuda a "tornar o familiar estranho": obriga-nos a olhar muito mais de perto e a pensar sobre como a mídia transmite os significados que ela parece transmitir. Ela também nos ajuda a identificar provas para corroborar ou refutar nossas reações mais imediatas.

Em geral, a *produção criativa* assume a forma de curtas sequências de vídeo, mostras fotográficas ou *designs* para páginas da internet ou comunicados de imprensa. Não raro, a produção configura-se como uma simulação: os estudantes recebem um planejamento que especifica um público-alvo, um certo contexto institucional ou outro conjunto de restrições que refletem questões teóricas mais amplas. Isso implica uma atenção sistemática a aspectos da linguagem midiática, mas a ênfase conceitual muitas vezes recai aqui sobre aspectos do público (por exemplo, definir um público novo ou diferente) ou da representação (por exemplo, criar representações que quebrem as normas ou salientem grupos ou questões sub-representadas).

A *análise contextual* geralmente está ligada às dimensões mais "sociológicas" de instituições e públicos. Nessas áreas os estudantes costumam receber grande quantidade de informação e aprendem modelos conceituais e teorias apropriadas. No entanto, elas podem incluir abordagens mais "ativas", como pesquisa de campo, com entrevistas e enquetes; pesquisa na rede sobre estudos de caso, como determinadas empresas de mídia; e simulações, como a produção de campanhas de mídia específicas.

De modo geral, podemos identificar dois princípios essenciais que configuram uma pedagogia eficaz da educação midiática. O primeiro: temos de começar com o que os estudantes já sabem. Como sugeri, um dos problemas da ênfase comum no risco – e da abordagem protecionista a que ela conduz – é que ela deixa de lado as motivações dos jovens para usar a mídia. Pode-se dizer o mesmo da abordagem de imunização política, com sua tentativa de repudiar ou dispensar o que se consideram prazeres ilusórios. Começar com o conhecimento atual dos estudantes e com sua própria experiência direta tem mais chances de se mostrar muito mais envolvente e eficaz.

Incentivar os estudantes a documentar, analisar e refletir sobre seu uso da mídia é um primeiro passo vital – mas isso passa a ser ainda mais desafiador no caso da mídia social, pois ela está intimamente inserida nas relações dos jovens com seus pares. Os professores precisam levar os estudantes a debater abertamente como e por que eles usam diferentes mídias, aparelhos e plataformas para diferentes finalidades e para se comunicar com diferentes "públicos", e como isso muda com o tempo. É importante que a análise de mídia seja de fato aberta: os estudantes certamente interpretarão a mídia de diferentes maneiras e apreciarão coisas diferentes. Em vez de impor uma única interpretação correta ou de procurar impor normas de comportamento saudável, o ensino deve explorar essas diferenças, considerar suas razões e incentivar os estudantes a questioná-las.

Por outro lado, isso não implica uma abordagem meramente laudatória. Os estudantes podem usar essas novas mídias com notável facilidade e ter um bom conhecimento delas. Mas também há muito tempo *não* sabem como essas mídias funcionam, desconhecendo inclusive suas dimensões comerciais. A visão sentimental dos jovens como "nativos digitais"[55] oculta uma considerável diversidade – e até desigualdade – em sua competência e conhecimento. Embora seja importante começar com o que os estudantes sabem, a educação também precisa ir além disso, oferecendo a eles acesso ao conhecimento e perspectivas críticas que os ajudarão a desenvolver um entendimento mais amplo e mais profundo.

Um segundo princípio essencial aqui está relacionado com a combinação de teoria e prática, ou "leitura" e "escrita".[56] Enquanto os defensores dos "Estudos de Mídia 2.0" celebravam a produção criativa de mídia, a abordagem de imunização política tendia a vê-la com muita desconfiança. Para alguns, oferecer aos estudantes oportunidades de fazer sua própria mídia os levaria a simplesmente imitar ou reproduzir as formas dominantes e os valores nelas implícitos. Porém, mais uma vez, pesquisas mostraram que a realidade da prática em sala de aula é mais complexa. Os estudantes não se limitam a copiar formas de mídia convencional, mas jogam com elas, usando-as para suas próprias finalidades. O resultado pode ser imprevisível, e muitas vezes está longe de ser politicamente correto; mas é na produção criativa

---

55 Ver Michael Thomas (org.), *Deconstructing Digital Natives*, Londres: Routledge, 2011.

56 De novo, ver meu livro *Media Education*, *op. cit.*, especialmente cap. 7-9.

que parte do aprendizado mais complexo e desafiador pode ocorrer.

A maioria dos estudantes prefere o trabalho criativo aos exercícios esquemáticos de análise crítica, até porque ele lhes dá a oportunidade de explorar seus próprios prazeres na mídia. A produção pode oferecer um espaço para refletir sobre as dimensões pessoais e emocionais de uso da mídia, e isso pode alimentar a análise crítica. Todavia, essa reflexão crítica mais distanciada é parte crucial do processo, embora nem sempre seja fácil chegar a ela. Os estudantes precisam considerar as consequências de suas escolhas criativas, assim como a relação entre suas intenções e os resultados obtidos, à luz de seu estudo crítico mais amplo da mídia. A apresentação do próprio trabalho criativo a um público mais amplo e a subsequente reflexão sobre as reações desse público podem ajudar a promover isso, lembrando que o processo deve ser recursivo, com uma dinâmica contínua entre leitura e escrita, ação e reflexão.

Em última instância, é importante enfatizar que não existe apenas uma abordagem padronizada da pedagogia. A pedagogia não deve ser uma questão de dogma. Diferentes estratégias são apropriadas para diferentes objetivos e diferentes aspectos do currículo. Ao enfatizar a necessidade do pensamento crítico, de forma alguma estou defendendo uma abordagem meramente racionalista ou um foco exclusivo na análise e na teoria. Ao contrário dos argumentos a favor dos "Estudos de Mídia 2.0", proponho que uma relação dialética entre teoria e prática – ou crítica e criatividade – é um aspecto fundamental e indispensável da pedagogia da educação midiática. Portanto, em vez de ser usada como um simples meio de ilustrar ou aplicar a teoria, a prática deve servir como meio para desenvolver a teoria e até desafiá-la. Nesse aspecto, os quatro conceitos críticos que delineei no capítulo anterior proporcionam um quadro claro e inclusivo, não apenas para a análise crítica, mas também para o planejamento e a avaliação da prática criativa.

O objetivo final aqui não é imunizar os estudantes contra o risco, expor falsas ideologias ou meramente celebrar a criatividade. A abordagem que tracei começa com a experiência e o conhecimento atual dos estudantes, mas também os desafia a ir além. Trabalha com seu investimento pessoal e emocional na mídia, mas também os incentiva a refletir sobre ela e analisá-la. Proporciona oportunidades de criatividade e expressão pessoal, mas também enfatiza a necessidade de avaliação crítica. Fornece aos estudantes novas informações, teorias desconhecidas e ferramentas críticas para análise, mas procura envolvê-los no debate, em vez de apenas tentar exigir sua adesão. Está muito longe de ser uma opção fácil, tanto para os estudantes como para os professores.

7.

CONCEITUAR A MÍDIA SOCIAL

A ABORDAGEM QUE ESBOCEI AQUI foi desenvolvida ao longo de várias décadas, principalmente em relação à velha mídia, como cinema, televisão e imprensa. Mas em que medida esses conceitos e abordagens ainda são relevantes e úteis numa era de mídia social? Neste capítulo e no próximo, quero propor algumas estratégias concretas e práticas para o ensino nessa área.[57] Minhas propostas aplicam-se sobretudo ao ensino para estudantes mais velhos de escolas secundárias, mas em muitos casos não há motivo para não as adaptar também para crianças menores. Neste capítulo, explorarei as maneiras de aplicar o quadro de conceitos críticos à mídia social; no próximo, analisarei como a abordagem da educação midiática pode proporcionar uma forma mais coerente e rigorosa para lidar com determinadas controvérsias da mídia social.

Para começar, é importante distinguir a abordagem crítica de uma visão das mídias sociais como meras ferramentas tecnológicas. Evidentemente, não podemos negar que elas *são* ferramentas úteis, tanto para os professores em geral quanto para os de mídia em particular. Uma plataforma como o YouTube nos dá acesso a um imenso arquivo de material de mídia antes muito difícil ou até impossível de obter. Ao postar e compartilhar seus trabalhos *online*, os estudantes conseguem atingir públicos reais de formas inéditas. Mas também

---

57 Este capítulo e o próximo baseiam-se numa série de cinco postagens em meu blogue com o título coletivo de "Teaching social media", em https://davidbuckingham.net/blog. Também recorri a Jose van Dijk, *The Culture of Connectivity*, Oxford: Oxford University Press, 2013; Graham Meikle, *Social Media: Communication, Sharing and Visibility*, Londres: Routledge, 2016; Christian Fuchs, *Social Media: A Critical Introduction*, Londres: Sage, 2017; e Daniel Chandler e Rod Munday, *Dictionary of Social Media*, Oxford: Oxford University Press, 2016.

é preciso usar essas ferramentas de maneira crítica e informada.

Para começar, deve-se reconhecer que as mídias sociais são *mídia* – e que muitas vezes estão inextricavelmente ligadas a outras velhas mídias. Como toda mídia, as mídias sociais criam significados, representam o mundo e geram lucro a partir de seus usuários, embora o façam de maneiras muito diferentes. Toda mídia é social, mas talvez fosse mais apropriado denominar essas novas plataformas de mídias *sociáveis* – elas oferecem oportunidades de circulação entre indivíduos, não somente produção e distribuição por grandes corporações.

Podemos optar pelo estudo de certas plataformas – Facebook, Twitter, Instagram, Snapchat –, mas no fim necessitamos de uma abordagem não baseada em serviços ou tecnologias específicas, muito menos em marcas específicas. Ao estudar a televisão, não estudamos principalmente a BBC ou a Netflix – apesar de haver algum valor em examinar esses canais ou serviços como empresas ou instituições. De igual modo, não estudamos principalmente o tubo catódico, ou microfones, ou câmeras – não obstante possa existir algum valor também nisso. Estudamos formas de representação e comunicação socialmente organizadas e distribuídas.

Historicamente, a educação midiática concentrou-se sobretudo em *textos*. Tratou-se a mídia – não exclusivamente, mas em grande medida – como um conjunto de objetos a serem analisados. A maioria dos professores de mídia no Reino Unido teve originalmente uma formação de professor de literatura inglesa, e para eles análise textual é algo bem simples. Não estou sugerindo que a análise textual sistemática deixou de ser relevante. No entanto, com o advento da mídia social, talvez seja preciso deslocar o texto de sua posição central, privilegiada, ou ao menos situá-lo no seu contexto social mais amplo. Nosso foco não deve estar tanto nos *textos midiáticos* como conjunto de objetos autocontidos, e sim nos processos de *mediação*.

O que torna essas mídias sociais ou sociáveis são as *práticas sociais* que possibilitam, o que depende de formas específicas de conexão ou conectividade. Da perspectiva do usuário, essas práticas podem incluir: blogues e microblogues; participação em redes sociais; envio de mensagens; compartilhamento; representação de si mesmo; curadoria ou coleção; jogos; buscas, resultados e marcação de favoritos. Trata-se de uma série de práticas sobrepostas que muitas vezes se combinam ou se fundem em plataformas específicas (e não raro se cruzam ou integram diferentes mídias). No entanto, todas essas práticas dependem de outro conjunto de práticas e ao mesmo tempo o possibilitam. Entre essas práticas, realizadas por empresas comerciais, incluem-se: vigilância e coleta de dados; publicidade, promoção e *marketing*; mineração e análise de dados; venda de dados de usuários. As empresas adaptam constantemente seus serviços, quer para ampliar o repertório de práticas por eles permitidos, quer para aumentar sua rentabilidade.

Como podemos aplicar os quatro conceitos críticos para entender esses processos? Primeiro, como outras mídias, a mídia social usa uma combinação de diferentes tipos de *linguagem* para comunicar significado. Nas plataformas de mídia social, geralmente encontramos escrita, fala, imagens estáticas e em movimento, música e som. A mídia social muitas vezes é multimodal (combina diferentes formas de linguagem midiática) e hipertextual (permite que passemos facilmente de um elemento a outro). Mas o essencial aqui é que – ao contrário do que alegam seus defensores mais entusiastas – a mídia social não constitui um espaço livre para a expressão pessoal e a criatividade. Os códigos e as convenções da linguagem midiática moldam e restringem o que é possível dizer.

Os estudantes podem explorar isso usando formas de análise de conteúdo – ou seja, uma análise quantitativa de um grande *corpus* de material. Todavia, é mais factível concentrar-se numa análise textual detalhada de amostras muito menores. Em certa medida, pode parecer inapropriado dar tanta atenção a mídias criadas e usadas sobretudo de maneiras muito efêmeras. No entanto, as pessoas que criam textos de mídia social ainda continuam a fazer escolhas mais ou menos deliberadas sobre os tipos de linguagem que usam e como o fazem. Podemos não contemplar esses textos por um período muito longo, mas estamos extraindo significado deles, frequentemente com muita rapidez. Uma das coisas importantes da análise textual é que ela nos ajuda a desacelerar esse processo e a explorar como ele funciona.

No entanto, de acordo com minha ênfase nas práticas de mídia social, esse tipo de análise precisa concentrar-se não tanto nas propriedades formais do texto, mas no que ele está *fazendo* – suas funções sociais e finalidades, ou o que está tentando alcançar.[58] Por exemplo, como as pessoas estão usando a linguagem midiática para atrair atenção, estimular participação ou reação, bajular ou en-

---

58 De modo geral, esta abordagem exige métodos próprios da semiótica social e da análise do discurso, e não da semiótica convencional. Para uma introdução acessível, ver David Machin e Andrea Mayr, *How to Do Critical Discourse Analysis*, Londres: Sage, 2012.

ganar, entreter ou deliberadamente ofender? Como elas demonstram sua autoridade ou tentam obtê-la? Como preservam os limites entre "dentro do grupo" e "fora do grupo", entre público e privado?

Questões como essas não se aplicam apenas à linguagem verbal, mas também à linguagem visual. Estudantes que consideram a linguagem do *design* visual em relação à velha mídia podem facilmente transferi-la para os recursos visuais típicos da iconografia da mídia social, como *emoticons*, memes e *gifs*, e plataformas predominantemente visuais como Pinterest, Instagram e Tumblr. Uma terceira forma de linguagem é hipertextual. Os estudantes precisam entender como os usuários são convidados a navegar por entre os elementos conectados e, de modo geral, como essas conexões são usadas para gerar atenção, construir reputações e sustentar popularidade. Eles também podem refletir sobre como seu próprio uso da linguagem varia à medida que se movimentam pelas plataformas de mídia social: quais tipos de linguagem eles usam num contexto mais público, em relação a outro mais privado, num ambiente em que são anônimos, em relação a outro em que podem ser identificados, e assim por diante. O objetivo aqui não é condenar ou proscrever determinados usos da mídia social, mas entender como ela funciona e, assim, recolher alguns bons indícios de suas implicações sociais mais amplas.

O segundo conceito, *representação*, evidentemente se aplica à mídia social além da velha mídia. Ao postar imagens de nós mesmos, escrever um tuíte sobre uma notícia (ou sobre o que comemos no café da manhã) ou mesmo compartilhar conteúdo que encontramos em outro lugar, fazemos escolhas. Decidimos o que mostrar ou não mostrar; contamos histórias ou elaboramos argumentos; e muitas vezes iniciamos ou continuamos um diálogo com outros usuários. Não nos limitamos a representar aspectos do mundo social mais amplo; também representamos – fazemos afirmações sobre o tipo de pessoa que somos ou gostaríamos de ser e convidamos outros a nos ver de determinadas maneiras. Como sugeri, estudar representação é desafiador. Não se trata apenas de comparar as representações midiáticas com a verdade – pressupondo que possamos chegar a um acordo sobre o que é a verdade. Trata-se de examinar criticamente como as representações *afirmam* dizer a verdade – como estabelecem sua autoridade, sua credibilidade e sua autenticidade.

Mais uma vez, muitas abordagens que os educadores de mídia aplicaram à velha mídia também servem para a mídia social. Quais histórias sobre o mundo, ou sobre nossa vida pessoal imediata, nós criamos ao selecionar imagens em nossos *feeds* pessoais do Instagram ou perfis do Facebook? Como os "blogueiros celebridades" (ou microblogueiros no Twitter) tentam consolidar sua credibilidade e reputação? Como os vídeos de testemunho captados por "cidadãos jornalistas" alegam ser autênticos, o que eles omitem, e como são usados? Como as pessoas proclamam ou representam sua participação em grupos sociais *online* – em tudo, desde campanhas de grande escala, como #MeToo e Black Lives Matter, até autorretratos individuais?

Grande parte do conteúdo compartilhado via mídia social obviamente provém da velha mídia, em primeiro lugar; e grande parte do conteúdo original usa formas e gêneros familiares na TV, no cinema, na publicidade e no jornalismo impresso. As comparações são elucidativas. Por exemplo, quais as semelhanças e diferenças entre vlogueiros do YouTube e canais de compra na TV; entre reportagens investigativas *online* e assuntos atuais na TV convencional; ou entre a autopromoção no Twitter ou no Facebook e formas mais tradicionais de publicidade comercial?

Isso também se aplica a algumas formas mais problemáticas de conteúdo *online*. A propaganda política criada por *sites* extremistas tem muito em comum com formas mais antigas de propaganda. O "discurso de ódio" ocorre *offline*, e não apenas *online*, embora possa ter características diferentes em espaços anônimos *online*. É preciso entender a pornografia *online* no contexto da história da representação sexual que remonta à Antiguidade. Pelos mais diversos motivos, podemos não querer usar esse tipo de material na sala de aula, mas ele faz parte do ambiente de mídia social em que nossos estudantes estão crescendo. No mínimo, é importante ensinar sobre as controvérsias acerca desses problemas e questionar as pressuposições em que elas se baseiam. Em vez de simplesmente ser alertados sobre os vários horrores que os aguardam *online*, os estudantes precisam entender o contexto mais amplo.

A *produção* é uma dimensão fundamental no ensino sobre a mídia social. Pode parecer que, nesse caso, todos somos produtores em potencial. Porém, como afirmei, quase todas as plataformas que usamos para compartilhar o que produzimos são comerciais, apesar de se apresentarem como gratuitas para o usuário (a maior exceção é a Wikipédia). Essas plataformas existem para dar lucro, mesmo que tentem minimizar qualquer sinal dos interesses comerciais em jogo. Não é um processo monolítico nem garantido; mas muito poucos usuários de mídia social entendem plenamente como ele funciona, e por isso o analisei um pouco mais detalhadamente aqui.

Mais uma vez, é possível extrapolar para o estudo da mídia social várias questões que pontuam o ensino sobre a velha mídia. Os estudantes podem comparar a regulação da velha e da nova mídia, o controle do acesso a elas, as diferentes categorias de mão de obra envolvidas e as estratégias das empresas para gerar lucro. Contudo, corre-se o risco de transformar o ensino dessa matéria no mero fornecimento de informação. Os fatos detalhados são menos importantes que as questões conceituais mais amplas; mas os professores também precisam fornecer exemplos concretos para dar vida a essas questões. Podem pedir, por exemplo, que os estudantes examinem o contrato de termos de serviço de um *site* de mídia social como o Facebook ou o Instagram. Quase com certeza eles terão clicado "aceitar" nesses documentos, embora poucos deles os tenham realmente lido. Nesse processo, inevitavelmente se depararão com questões de privacidade e *copyright*, e com o que tais empresas podem fazer com os dados dos usuários.

Isso pode levar a estudos de caso de empresas específicas: os estudantes podem investigar a quem pertence a empresa, quantas pessoas ela emprega, seus lucros e perdas, suas aquisições, e assim por diante. Seria bem interessante obter mais dados sobre empresas que faliram ou declinaram – como o MySpace ou a Bebo. A partir daí, eles poderiam examinar como as empresas de mídia social se apresentam no domínio público e analisar como promovem sua marca, com publicidade explícita e com a venda de serviços aos usuários atuais, e como os seus executivos lidam com controvérsias. Mas é importante também olhar "debaixo do tapete" e ver como essas empresas comercializam seus serviços e subsidiárias para outras empresas comerciais, como anunciantes e marqueteiros: é fácil acessar as páginas de "negócios" do Facebook, Google, Instagram e outros, assim como inúmeros outros guias *online* para anunciantes prospectivos.

As conexões entre a velha e a nova mídia também atuam no nível da produção. Os estudantes precisam analisar como a velha mídia (TV, cinema, rádio e jornais) usa a mídia social, mas também o contrário. Um foco particularmente relevante aqui seriam os fãs de mídia: como os proprietários de velhas mídias usam a mídia social para estimular a atividade dos fãs, e quando e como eles intervêm e tentam bloqueá-la? Os estudantes podem considerar como velhas mídias (como jornais e rádio) usam conteúdo gerado pelos usuários – o chamado jornalismo cidadão – e as limitações disso. Também podem analisar criticamente as dimensões comercial e de *marketing* de fenômenos como vlogueiros e *gamers* do YouTube.

Dos quatro conceitos críticos, o *público* pode parecer o que mais precisa ser repensado à luz da mídia social. Os entusiastas iniciais da "Web 2.0" proclamaram que a velha ideia do público passivo se tornara irremediavelmente obsoleta. "As pessoas outrora conhecidas como o público",[59] disse um comentarista, já não eram consumidores passivos, mas produtores ativos, ou "prossumidores". Já questionei alguns desses argumentos, por diferentes motivos. No mínimo, eles ignoram as continuidades consideráveis entre a velha e a nova mídia. A ideia de que o público da "velha mídia" era compos-

---

59 O artigo de Jay Rosen com este título ["The People Formerly Know as the Audience"] está em http://archive.pressthink.org/2006/06/27/ppl_frmr.html.

to apenas por consumidores passivos não se sustenta quando se consideram (por exemplo) as pesquisas sobre auditórios de televisão. Obviamente "público" talvez já não seja a palavra certa. "Usuários" pode parecer mais apropriado, embora pareça implicar que de alguma forma estamos no controle, apenas utilizando um serviço. Podemos ser usuários de mídia social, mas de certo modo também somos *usados* pela mídia social. E em certa medida ainda somos "consumidores" e até "clientes".

Uma forma de começar a ensinar sobre o público das mídias sociais é pedir que os estudantes analisem os próprios debates.[60] Como sugeri, à história otimista juntou-se nos últimos anos um coro crescente de declarações sobre os efeitos negativos do uso da mídia social, em especial em crianças e jovens. Os estudantes podem examinar melhor esses debates coletando exemplos de argumentos positivos e negativos, e fazendo algumas perguntas críticas. Quem faz essas declarações, e qual sua autoridade ou experiência na área? Que provas fornecem, e qual a validade ou relevância delas? Que tipos de linguagem usam para chamar a atenção para suas declarações? Quais são suas pressuposições sobre a própria mídia e sobre determinados tipos de usuários?

Em seguida, pode-se solicitar aos estudantes que documentem e analisem suas próprias práticas de mídia e as de outras pessoas que eles conhecem. Quais tipos de prática de mídia social (troca de mensagens, jogos, curadoria, *networking* etc.) elas exercem? Quem está envolvido, até que ponto os vários "públicos" são públicos ou privados, e como elas sabem disso? Quantas delas são

---

60 A abordagem mais útil aqui é a perspectiva "construtivista social" dos problemas sociais; ver Joel Best, *Social Problems*, Nova York: Norton, 2008.

"prossumidores" ativos, que geram quantidades substanciais de conteúdo de mídia original? Quantas se comunicam ou compartilham material com grandes públicos, além das pessoas que já conhecem? Ao examinar essas questões, os estudantes terão condições de explicar a diversidade do uso de mídia social e até de questionar algumas declarações comuns, sobre o "vício" em mídia social, por exemplo.

Um passo adicional seria que os estudantes pesquisassem determinados grupos de usuários de mídia social – em outras palavras, redes ou comunidades *online* específicas, como redes de fãs ou agrupamentos políticos. A análise poderia enfocar como tais grupos se organizam e como funcionam. Por exemplo, como é feito o convite a participar deles? Como se incentiva e se modera essa participação? Que tipos de pessoas parecem mais ativas? Como a comunidade se cria como tal, e como procura lidar com não membros ou intrusos? Em que medida esses grupos constituem um tipo de "câmara de ressonância" ou "bolha" e até que ponto seus participantes podem conhecer outros pontos de vista?

Neste capítulo, tentei mostrar como é possível ampliar os quatro conceitos críticos de modo a abranger a mídia social. A abordagem conceitual permite transferir questões e tomar como base conclusões do estudo da velha mídia para aplicá-las nesse novo campo. Ela incentiva os estudantes a lidar com problemas importantes – relacionados, por exemplo, com as dimensões comerciais da mídia social – que, de outra forma, poderiam ser ignorados. Como veremos, essa abordagem também pode nos ajudar a lidar com algumas das preocupações emergentes sobre os riscos da mídia social num quadro crítico mais abrangente e coerente.

Evidentemente, os Estudos de Mídia precisam levar em conta a nova mídia, mas não devem ser dominados por ela. Precisamos de uma abordagem histórica e temos de entender a mídia social no contexto de todo o espectro da mídia. Mas o crucial aqui é que não vamos aprender apenas fazendo ou participando, como os defensores dos "Estudos de Mídia 2.0" pareciam sugerir. Como as mídias sociais são efêmeras, é muito importante ter um quadro claro de conceitos críticos e ferramentas analíticas. As empresas, tendências e controvérsias vão e vêm. Se vamos ensinar sobre esse mundo em rápida mutação, precisamos dispor de um conjunto coerente de princípios, em vez de uma lista arbitrária de conteúdo.

8.

EDUCAÇÃO MIDIÁTICA NA PRÁTICA

NO CAPÍTULO ANTERIOR, examinei um a um os conceitos da educação midiática. No ensino, seria mais provável tomar exemplos particulares ou estudos de caso e aplicar todos os conceitos – até porque com isso os estudantes poderiam entender as relações entre eles. Neste capítulo, quero mostrar como é possível aplicar essa abordagem a três aspectos da mídia social que geraram bastante controvérsia nos últimos anos: *fake news* e propaganda *online*; *cyberbullying* e discurso de ódio; e autorrepresentação *online*. No debate público, todas essas áreas tendem a ser entendidas em termos de risco e segurança e a ser formuladas em termos muito estreitos. Ao contrário, espero mostrar como uma abordagem crítica da educação midiática pode não apenas lidar com esses problemas, mas também ajudar a situá-los num contexto mais amplo.

O problema das *fake news* proporciona uma ilustração muito clara disso.[61] Como já disse, as *fake news* não são um fenômeno isolado: são um sintoma de mudanças muito mais amplas, tanto na cultura política contemporânea como no ambiente midiático em geral. Na perspectiva dos conceitos críticos, precisamos analisá-las primeiramente em termos de *produção*. Pode-se ver as *fake news* como uma forma de caça-cliques, um fenômeno essencial para as operações econômicas das empresas de mídia social. Os intermediários (como editores de notícias) que controlam a velha mídia não atuam na mídia social, onde também estão ausentes muitas formas tradicionais de regulação; e isso tem consequências signifi-

---

61 Para mais detalhes nesta área, ver minha postagem "Can we still teach about media bias in the post-truth age?", em https://davidbuckingham.net/2017/02/01/can-we-still-teach-about-media-bias-in-the-post-truth-age.

cativas em termos do que está disponível e do que pode ser feito quanto a isso. Ao mesmo tempo, as *fake news* também suscitam questões de *representação*. Como sugeri, não se trata apenas de verdadeiro *versus* falso. É preciso entender as *fake news* no contexto mais amplo de outras formas de representação factual: também é preciso analisar e avaliar criticamente a precisão, equidade e objetividade das notícias "verdadeiras". Isso também tem implicações para o público: em que medida as pessoas acreditam ou confiam nas *fake news* e por que fazem isso?

A análise dessas questões requer uma série de estratégias em sala de aula. Pode ser útil ensinar primeiro sobre as controvérsias em si[62] – inclusive porque a acusação de "*fake news*" pode ser feita por pessoas que podem muito bem ser vistas como as principais culpadas. Para começar, como – e por quem – as "*fake news*" são identificadas como um problema social? Que tipos de alegações as pessoas fazem sobre elas, por que o fazem, e qual a validade de suas provas? Em seguida, os estudantes podem passar a analisar a linguagem e o *design* visual das histórias de *fake news* e compará-las com fontes oficiais; podem acompanhar a disseminação de determinadas histórias e como outras mídias as replicam; e podem investigar *hiperlinks* nesses *sites* e entre eles, e os tipos de publicidade que veiculam.

No entanto, é importante que os estudantes também examinem os noticiários convencionais na "velha" mídia: as *fake news*, e a parcialidade na mídia em geral, de modo algum estão restritas à mídia social. As notícias

---

62 Minhas propostas em relação à pornografia *online* pareciam ser um passo ousado demais para alguns: ver https://ddbuckingham.files.wordpress.com/2015/04/onlineporn.pdf.

são um tópico consagrado na educação midiática, e há inúmeros materiais de ensino publicados sobre isso.[63] Muitas estratégias que os professores usam aqui – análise textual sistemática de primeiras páginas de jornais, manchetes e fotografias; estudos de caso de certas organizações de notícias; análise comparativa do conteúdo de histórias específicas em diferentes veículos de notícias; simulações práticas de reportagem – podem facilmente ser transferidas para as notícias na mídia social. As *fake news* integram o *continuum* de parcialidade e desinformação na mídia que os educadores de mídia já estão bem equipados para abordar.

Pode-se dizer o mesmo da "propaganda" na mídia social – uma questão que surge sobretudo em reação ao aparente sucesso de grupos como o autodenominado Estado Islâmico na promoção de suas ideias *online*. Mais uma vez, é importante que os estudantes questionem alguns termos desses debates: a "propaganda" pode ser explícita e flagrante, mas também pode ser muito mais sutil e insidiosa. Culpar a mídia pela "radicalização" e formular a questão como um problema de segurança *online* parece uma simplificação excessiva de um processo muito mais complexo – e, de fato, uma compreensão equivocada do apelo dessas ideologias políticas.[64] Podemos estudar o uso da *linguagem midiática* na propaganda, e como ela define e visa apelar a diferentes públicos; porém também precisamos examinar esse material num

---

63 Um exemplo muito bom é *Doing News*, do English and Media Centre. Também há uma seção sobre notícias no seu pacote para crianças de escolas primárias, *Developing Media Literacy*. Ver www.englishandmedia.co.uk.

64 Ver minha postagem "Radicalisation, social media and young people" em https://davidbuckingham.net/2016/01/14/radicalisation-social-media-and young-people-why-we-need-a-more-thoughtful-approach.

contexto mais amplo – da história da propaganda e da representação midiática em geral. Aqui também é possível explorar essas questões de formas muito práticas, criando "propaganda" e analisando sua eficácia, por exemplo.

Argumentos semelhantes valem para minha segunda questão: *cyberbullying* e discurso de ódio. Mais uma vez, o essencial é que o *cyberbullying* não é um fenômeno isolado ou uma questão de comportamento desviante ocasional, mas parte de um *continuum*. O "discurso de ódio" é sua versão adulta, embora geralmente se dirija a pessoas que nunca encontramos *offline*. Esses fenômenos só podem ser realmente compreendidos quando vistos no contexto mais amplo de como nos comportamos *online* e *offline* – como nos apresentamos, como construímos nossa identidade, como criamos e mantemos fronteiras entre grupos, e como estabelecemos e mantemos relações em geral. Assim como no caso das *fake news*, a formulação do problema em termos de risco e segurança parece simplificar excessivamente o que está acontecendo.

Aqui também é importante começar questionando os termos do debate. Por exemplo, os estudantes podem considerar primeiramente quais tipos de comportamento (*online* ou *offline*) são considerados "*bullying*". Indícios sugerem que, para os jovens, o termo "*cyberbullying*" é difícil de definir e não necessariamente útil.[65] A fronteira entre "*bullying*" e "chacota", ou ser "zoado", está longe de ser clara. De igual modo, eles podem analisar as regras e padrões para definir o que conta como ofensivo ou agressivo, ou mesmo ilegal; e podem debater se

---

65 Ver os relatórios publicados por Family Kids and Youth em 2016, em http://www.kidsandyouth.com/wp-content/uploads/2017/04/FKY-21.4.17-Cyberbullying-Quantitative-Report.pdf.

tais regras e padrões são úteis ou eficazes. Depois podem passar a comparar ambientes *online* e *offline*. Quais tipos de *bullying* ou agressão podem ser mais fáceis ou mais difíceis de perpetrar *online*, e por quê? Os espaços *online* são necessariamente mais ou menos perigosos, e de que maneiras? Quais são as possibilidades e restrições (ou "ofertas") de diferentes plataformas nesses aspectos, e quanto controle elas permitem que os usuários exerçam?

Isso obviamente implica o estudo da *linguagem midiática*. Os estudantes podem recolher uma série de exemplos de comportamento *online* e analisar o uso de diferentes tipos de linguagem em diferentes contextos; podem examinar a interação entre aspectos verbais e visuais (como imagens e *emoticons*); e as possibilidades de *networking* e compartilhamento da mídia social nesse contexto. Todavia, como no caso das *fake news*, aqui também há uma dimensão *econômica*. O modelo de negócio de empresas como o Facebook depende de embutir essas mídias profundamente na dinâmica interpessoal dos grupos de pares. Alguns aspectos da vida social *offline* podem ser intensificados *online* – até porque parte da interação *online* é anônima, e o público potencial é muito maior –, mas a diferença fundamental é que tudo isso agora está sendo monetizado. Argumentos semelhantes se aplicam ao "discurso de ódio" em geral. Os algoritmos de recomendação usados pelas empresas de mídia social são projetados para aumentar o tráfego, aumentando assim a receita. Eles inevitavelmente dão mais destaque a mensagens negativas ou a material que produz reações emocionais como medo e raiva. Nós compartilhamos não apenas aquilo que gostamos, mas também aquilo que detestamos: quanto mais revoltados, maior chance de repassar o que recebemos. Em alguns aspectos, é a lógica da velha mídia também – "se tem sangue, é notícia" –, mas ela é incontestavelmente acentuada na mídia social.

Essa abordagem multidimensional também se aplica à minha terceira questão, da autorrepresentação *online* – especialmente na forma de *selfies*.[66] Mais uma vez, essa questão é abordada sobretudo em termos de risco e segurança. Os críticos afirmam que as *selfies* muitas vezes acarretam uma forma de auto-objetificação, que é especialmente opressiva para jovens mulheres. Plataformas como Facebook e Instagram são rotineiramente acusadas de promover sexualização, narcisismo e distúrbios como "dismorfia corporal". Em geral, considera-se que exibir a vida pessoal na mídia social cultiva uma forma não saudável de comparação e competição social. Por outro lado, alguns afirmam que esse tipo de autorrepresentação pode ser empoderador. Pode constituir uma forma de autoafirmação, uma declaração positiva de identidade e até um desafio das ideias convencionais de beleza (como na moda das *selfies* cômicas e deliberadamente feias no Snapchat). Pode ser especialmente o caso de grupos até então sub- ou mal representados, como pessoas com deficiências ou minorias sexuais. Mais uma vez, precisamos ensinar sobre as controvérsias em si: são debates nos quais os estudantes podem se envolver por si mesmos.

Em termos de análise, os estudantes podem examinar as *selfies* como *linguagem midiática*, como um gênero com suas próprias regras e convenções. Nossas esco-

---

66 Para mais detalhes, ver minha postagem "Self, self, self: representing the self in the age of social media", em https://davidbuckingham.net/2016/03/24/self-self-self-representing-the-self-in-the-age-of-social-media.

lhas de ângulos de câmera, iluminação, gestos e poses, e como preparamos nossa aparência, refletem pressuposições mais amplas sobre como imagens são construídas e quais funções elas cumprem. No entanto, elas também devem ser analisadas como *representações*. Quais aspectos de nós mesmos escolhemos apresentar ou encenar nessas imagens? Quais gestos, poses e expressões faciais adotamos, e quais roupas vestimos? Quais imagens selecionamos para compartilhar ou apagar instantaneamente, e por quê? Quais são os ambientes ou ocasiões em que as *selfies* são consideradas apropriadas ou inapropriadas? As respostas a essas perguntas também refletirão as ofertas de diferentes plataformas de mídia social, assim como as pessoas que procuramos atingir – logo, estão ligadas a questões de *produção* e *público*. As versões de nós mesmos que compartilhamos no Facebook podem muito bem ser diferentes daquelas no Instagram, e também diferentes no LinkedIn ou numa plataforma de aprendizado escolar ou universitário. Como se pode ver, a *selfie* não é de modo algum uma arena de mera autoexpressão.

Todavia, como para as *fake news*, também é importante situar esse tipo de autorrepresentação num contexto mais amplo. Por exemplo, há algumas continuidades interessantes entre essas práticas e o mundo mais amplo das celebridades midiáticas e dos *reality shows*, bem como uma longa história do autorretrato nas artes visuais que é interessante considerar nesse contexto. A *selfie* representa um tipo de *performance* do eu; como tal, pode ser útil para explorar complexos debates teóricos sobre identidade. É uma área que se presta particularmente à exploração prática: permitir que os estudantes criem e manipulem sua própria imagem de modo sistemático pode proporcionar um meio poderoso de explorar as fronteiras problemáticas e mutáveis entre privacidade e publicidade.

Esses três estudos de caso ilustram vários aspectos mais gerais. Em vez de me concentrar em áreas isoladas de preocupação, tentei esboçar uma abordagem mais coerente e abrangente, usando os quatro conceitos críticos. Em primeiro lugar, essa abordagem implica a necessidade de adotar uma visão mais ampla da mídia. No caso da autorrepresentação *online*, por exemplo, é importante entender como as práticas contemporâneas se encaixam no contexto mais amplo da iconografia midiática. De igual modo, precisamos considerar como o problema das "*fake news*" reflete questões mais amplas da reportagem de notícias e das indústrias de mídia em geral. Ao focalizar apenas tópicos definidos estreitamente, podemos perder de vista as questões mais abrangentes em jogo.

Em segundo lugar, precisamos ver a mídia no contexto da vida social em geral. Quase todos os problemas suscitados pela mídia social não são exclusivos dela, mas são extensões de problemas que atravessam muitos ambientes sociais. No caso do *cyberbullying* e do discurso de ódio, por exemplo, temos de reconhecer a continuidade entre exemplos altamente problemáticos de agressão *online* e a dinâmica cotidiana da vida social, *online* e *offline*. O ensino nessa área precisa incentivar os estudantes a refletirem sobre suas próprias práticas, em vez de simplesmente tentar criminalizá-las ou alertá-los sobre um comportamento problemático.

Em terceiro lugar, esses exemplos sugerem que o foco no risco e na segurança tende a patologizar determinados tipos de uso ou representação midiática a ponto de mostrá-los como inúteis ou contraproducentes. É importante não se restringir a alertar os estudantes sobre as várias formas de "mídia ruim" ou de "mau comportamento". Atacar as *fake news* exige mais que um conjunto de técnicas de verificação de fatos; lidar com o *cyberbullying* pede mais que uma lista de palavras incriminadoras ou telefones de assistência. Essas coisas podem ter um valor limitado, mas, como o resto de nós, os jovens logo se cansam de eternos alertas sobre o que *não* deveriam estar fazendo *online*. Em alguns casos, esses alertas certamente terão um efeito de "fruto proibido", empurrando-nos para coisas que podem parecer um risco excitante.

Finalmente, essas questões são controversas, e é importante ensinar sobre elas como tais. Os estudantes precisam examinar os tipos de alegações sobre esses fenômenos, analisar as pressuposições subjacentes a elas e os tipos de retórica usados, e avaliar as provas – inclusive o que elas parecem implicar sobre os jovens em particular. Nesse processo, eles deverão tornar-se usuários mais cuidadosos e mais críticos da mídia social; mas também deverão aprender a participar desses debates públicos mais amplos.

A educação midiática evidentemente é muito mais que *fake news* e segurança na internet. Não obstante, pode ser útil situar tópicos como esses num quadro crítico mais amplo e coerente. Em vez de reações fragmentárias e irrefletidas a ondas passageiras de preocupação, a educação midiática fornece uma base conceitual rigorosa para o ensino e o aprendizado, bem como um conjunto consagrado de estratégias para a sala de aula. Numa era de mídia social, é difícil ver por que ela não deveria constituir uma parte significativa do núcleo curricular para todos os jovens.

9.

FAZENDO ACONTECER

COMO CABE A UM MANIFESTO, o núcleo de minha argumentação aqui foi elaborado em termos bastante retóricos, talvez até utópicos. Contudo, nos dois últimos capítulos, tentei explicar como funciona a educação midiática na prática, especialmente em relação à mídia social. Neste ponto, quero ser ainda mais pragmático e abordar a política do possível. Meu foco principal é a situação no Reino Unido, embora o que aconteceu aqui ofereça várias lições proveitosas para educadores de mídia no mundo.

Como sugeri, nas últimas décadas houve um compromisso político amplo com a *alfabetização midiática* em muitos países.[67] No Reino Unido, esse compromisso sempre foi superficial e agora diminuiu significativamente. Um dos maiores problemas – aqui como em outros lugares – é que a responsabilidade de promover a alfabetização midiática costuma ser conferida aos órgãos regulatórios da mídia, e não aos ministérios da Educação. Um compromisso amplo com esse tema talvez seja algo positivo. É bom ouvir políticos e executivos das indústrias de mídia apoiando a alfabetização midiática, mesmo que apenas em princípio; e também é interessante notar a manifestação de muitas organizações da sociedade civil, ONGs e órgãos do terceiro setor nesse sentido. Mas um compromisso generalizado significa muito pouco sem uma forma contínua e sistemática de *educação* midiática. E, para alcançar todos os jovens, a educação midiática precisa ser uma matéria obrigatória do currículo escolar desde o início.

---

67 Ver Alton Grizzle *et al.*, *Media and Information Literacy: Policy and Strategy Guidelines*, Paris: Unesco, 2013; Divina Frau-Meigs, Irma Velez e Julieta Flores Michel (org.), *Public Policies in Media and Information Literacy in Europe*, Londres: Routledge, 2017.

A história da educação midiática no Reino Unido é muito longa.[68] As primeiras propostas de ensino sobre a mídia datam do começo dos anos 1930, quando o foco principal estava na imprensa, na publicidade, e, em certa medida, no cinema. Na década de 1960, a mídia se tornara um elemento importante do currículo de inglês (isto é, ensino da língua materna e de literatura): os professores passaram a trazer a televisão e a música popular para a sala de aula, juntamente com outros aspectos da cultura popular. Nos anos 1970 surgiram os primeiros cursos especializados de Estudos de Mídia no final do ensino médio, para estudantes entre 14 e 18 anos de idade. Outras matérias do currículo também incluíram alguns elementos de educação midiática.

Não é exagero dizer que o Reino Unido é considerado um líder mundial na educação midiática: as abordagens que delineei neste livro tiveram influência internacional. Porém, como em muitos outros países, a luta para estabelecer uma base sólida para a educação midiática é lenta e frustrante, e o sucesso é desigual, na melhor das hipóteses. O número de estudantes que realizam provas finais em Estudos de Mídia vem crescendo regularmente (pelo menos até há pouco tempo) e a matéria também se expandiu muito nas universidades. Contudo, deve-se enfatizar que Estudos de Mídia é uma das muitas matérias optativas, escolhida apenas por uma minoria de estudantes. Enquanto isso, nas escolas primárias do Reino Unido a educação midiática ainda é insufi-

---

68 Há uma breve história no meu livro *Media Education*, *op. cit.*, cap. 1. Um relato muito mais detalhado, dos anos 1930 aos anos 1980, pode ser encontrado em Terry Bolas, *Screen Education: From Film Appreciation to Media Studies*, Bristol: Intellect Books, 2009.

ciente, não obstante algumas iniciativas interessantes nesse aspecto.

Ao mesmo tempo, políticos e especialistas de todas as orientações políticas têm atacado ferozmente os Estudos de Mídia. Por um lado, tais estudos são vistos como uma matéria "Mickey Mouse", destituída da seriedade e do rigor do verdadeiro estudo acadêmico; por outro lado, são acusados de não proporcionar treinamento adequado para empregos nas indústrias de mídia.[69] Tais críticas são movidas pela ignorância: elas raramente se baseiam em algum conhecimento dos fatos ou em alguma experiência das reais implicações da matéria. No entanto, têm sido estranhamente persistentes, até porque refletem uma ansiedade permanente sobre a relação entre educação e cultura popular que remonta a meados do século XIX. Como seus objetos de estudo são considerados triviais e desprovidos de valor, parece que isso deve valer também para a matéria em si. Por sorte, muitos estudantes perspicazes não compartilham dessa visão.

Nos últimos anos, todavia, o progresso nas escolas começou a retroceder. Recentemente, cursos especializados em Estudos de Mídia foram "racionalizados" num conjunto mais amplo de reformas governamentais.[70] A hostilidade do governo conservador contra matérias como Estudos de Mídia – na verdade, sua desconfiança contra as artes e as ciências sociais em geral – é muito evidente. Seguindo ideias estapafúrdias de um "currí-

---

69 Ver Lucy Bennett e Jenny Kidd, "Myths about media studies: the construction of media studies education in the British press", *Continuum* 31(2) (2016): 163-176.

70 Para um relato desses acontecimentos, ver meu artigo "The strangulation of media studies", em https://ddbuckingham.files.wordpress.com/2017/08/strangulation-final-2.pdf.

culo baseado em conhecimento", ele propôs tornar todas as matérias mais "exigentes". No caso dos Estudos de Mídia, a "teoria" (ou um conjunto bizarro de chamados "teóricos") tornou-se muito mais explícita; mas a teoria também foi instrumentalizada como pouco mais que uma questão de recordação factual. Enquanto isso, reduziu-se o elemento da produção criativa, e os professores terão muito menos liberdade para selecionar os textos midiáticos a ser estudados em sala de aula. Em combinação com outras pressões sobre matérias optativas, parece que isso tornará ainda menor o número de estudantes.

Enquanto isso, as perspectivas da educação midiática em outras matérias nada têm de promissoras. O currículo de tecnologia da informação e comunicação (TIC) foi reduzido basicamente ao treinamento para programação de computadores, sem a preocupação de desenvolver nos estudantes o entendimento crítico da tecnologia contemporânea ou sequer de estabelecer conexões com sua experiência cotidiana dela.[71] Enquanto isso, pouco a pouco se retirou a educação midiática do ensino da língua materna, em prol de um foco estreito em habilidades funcionais. Apesar de um aparente compromisso com a alfabetização midiática no campo da política de comunicações, a política *educacional* define a alfabetização de forma cada vez mais estreita e instrumental, excluindo explicitamente "textos digitais". Parece extraordinário que estejamos prestes a entrar na terceira década do século XXI com um currículo escolar que não aborda nem sequer as formas predominantes

---

71 Ver o relato de Ben Williamson, "Coding for what?", em https://codeactsineducation.wordpress.com/2017/06/19/coding-for-what.

de cultura e comunicação do século passado, muito menos do atual.

Os detalhes dessa luta acerca do currículo variam de um país para outro; mas, com algumas exceções, as tendências gerais são evidentes no mundo inteiro. A educação está se tornando cada vez mais o foco de um tipo de "política simbólica". Os governos procuram exercer um controle cada vez maior, minando pouco a pouco a autonomia profissional dos professores. Preocupações com a mudança de estatuto da infância, inclusive em relação à mídia e à tecnologia, levaram a um conservadorismo renovado na política educacional e a um impulso de retornar a noções mais tradicionais e restritivas de conhecimento e pedagogia. É difícil sustentar o argumento em defesa da educação midiática num período em que a política educacional parece retroceder decisivamente, rumo a uma imaginária época áurea.

No entanto, há algumas contradições flagrantes aqui. Por um lado, os governos parecem determinados a resistir à inclusão da mídia no currículo escolar; por outro, anseiam em apoiar o impulso comercial de incorporar a tecnologia na educação em todos os níveis. Apesar de estar sempre prontos a se pronunciar sobre questões como segurança na internet, *cyberbullying* e até *fake news*, os políticos geralmente não entendem o contexto mais amplo desses acontecimentos, propondo formas muito estreitas de lidar com eles.

Essa situação pode levar a algum pessimismo do intelecto, mas também exige um considerável otimismo da vontade. A educação tem fracassado cada vez mais em acompanhar a realidade do mundo contemporâneo. Caso se recuse a abordar as experiências atuais dos estudantes, não poderá esperar prepará-los adequadamente para o futuro. Se não puder enfrentar os desafios de um ambiente cada vez mais mediado, a educação poderá ser reduzida a uma atividade funcional ou à mera irrelevância. Mas reagir a essa situação exigirá mudanças fundamentais, e não apenas o acréscimo de mais uma matéria nas margens do currículo.

A política é uma condição necessária, mas não suficiente, para esses acontecimentos. De nada adianta ter documentos de política pública se – como é muitas vezes o caso – eles não forem implementados. Uma educação midiática eficaz exige um extenso treinamento dos professores, desenvolvimento profissional continuado e apoio às associações e redes docentes. Exige material de ensino de alta qualidade, que vai além de meros manuais. Pode beneficiar-se de parcerias igualitárias e produtivas, por exemplo, com os pais, com organizações da sociedade civil e com as próprias indústrias de mídia. E deve ser rigorosamente avaliada para verificar se está alcançando seus objetivos. Acima de tudo, no entanto, o controle deve ficar a cargo dos professores. Todos os estudos sugerem que uma reforma educacional só é significativa e duradoura se os professores estiverem de posse dela.[72]

Em termos de currículo, precisamos avançar em diversas frentes ao mesmo tempo. Tem sido debatido se a educação midiática deve ser uma matéria separada ou um tema transdisciplinar. Certamente há uma lógica para incluí-la como um aspecto de outras matérias. Os professores usam mídias de vários tipos em quase todas as áreas do currículo, e devem ser incentivados a fazê-lo

---

72 Para um relato histórico sobre um longo período, ver David Tyack e Larry Cuban, *Tinkering Toward Utopia: A Century of Public School Reform*, Cambridge, MA: Harvard University Press, 1997.

criticamente, e não como ferramentas instrumentais ou meios de veicular conteúdo. Na maioria dos casos, os estudantes têm um conhecimento preexistente da matéria (ciência ou história, por exemplo) que deriva pelo menos em parte da mídia – e da mídia ficcional, além da factual. Os professores têm de reconhecer esse conhecimento e trabalhar com ele, incentivando os estudantes a questioná-lo.

Quando se trata de mídia social, os tópicos que considerei aqui certamente podem ser abordados por várias matérias. Assim, espera-se que os professores de história analisem o papel histórico das "*fake news*" e das teorias de conspiração como parte de uma análise mais ampla de como diferentes fontes representam eventos. Professores de geografia sem dúvida devem abordar a geopolítica global da informação e o papel de indústrias multinacionais como as empresas de mídia social. Os professores de educação pessoal, social e de saúde, por sua vez, precisam abordar o impacto da mídia social sobre as relações dos grupos de pares e a saúde física e mental dos jovens.

À luz dos meus argumentos, também há uma lógica crescente para incorporar abordagens críticas de educação midiática à matéria de tecnologia. Programar é uma habilidade que as crianças deveriam ter a oportunidade de aprender, caso queiram; mas a alegação de que isso as ajuda a "resolver problemas" ou que é uma preparação essencial para o emprego – e, portanto, deveria ser ensinada a todas as crianças – é espúria.[73] As crianças pre-

73 De novo, ver minha postagem "Why children should NOT be taught to code", em https://davidbuckingham.net/2015/07/13/why-children-should-not-be-taught-to-code.

cisam saber como a tecnologia digital funciona, mas elas também precisam entender como a mídia digital atua como indústria e como forma de representação. Para que venham a se tornar usuários ativos e empoderados de tecnologia, precisam de mais do que habilidade técnica: precisam de entendimento social, político, econômico e cultural.

A educação midiática pode e deve ser uma dimensão importante de todas essas matérias. No entanto, distribuí-la por todo o currículo dessa forma certamente resultaria numa abordagem fragmentada e superficial. Por todas as razões que expliquei, precisamos de uma estratégia mais sistemática, coerente e abrangente. Precisamos de uma matéria ministrada por professores especialistas com formação adequada; e precisamos dela como um direito básico de todos. As crianças mais velhas devem ter a oportunidade de cursar matérias especializadas, mas o lugar óbvio para isso quando se trata de crianças mais jovens é o ensino da língua materna.[74] Precisamos de uma única matéria que combine todas as formas de mídia. No mundo moderno, faz pouco sentido ensinar sobre livros numa área do currículo e sobre outras mídias em outras áreas.

Apesar de todos os seus problemas, a noção de alfabetização continua a ser uma forma útil de pensar sobre isso. Uma abordagem moderna desse conceito deve necessariamente implicar o estudo da mídia contemporânea, juntamente com a mídia mais tradicional; mas o fundamental é considerar uma forma *crítica* de alfa-

---

74 Ver a edição especial de *Teaching English*, 17 (2018), publicada pela National Association for the Teaching of English [Associação Nacional para o Ensino de Inglês], do Reino Unido.

betização, em vez de meramente instrumental ou funcional. Nesse aspecto, a educação midiática tem muito a oferecer ao ensino da língua materna: as abordagens conceituais que esbocei podem ser aplicadas a textos e fenômenos culturais de muitos tipos, incluindo a literatura. Nesse processo, é preciso desenvolver uma abordagem mais inclusiva e coerente do ensino sobre todas as formas de cultura e comunicação, e ela deve ocupar o centro do currículo.

Evidentemente, a educação midiática deve estender-se além de instituições formais como escolas: na verdade, em alguns aspectos, ela tem uma capacidade única de fazê-lo. A mídia pode dar uma voz aos jovens e permitir que falem para públicos mais amplos. A educação midiática sempre teve um papel em relação à cidadania e à ação cívica, e esse papel é ainda mais urgente no clima político contemporâneo. Não tive tempo de abordá-las aqui, mas há algumas iniciativas inspiradoras de educação midiática acontecendo fora das escolas, muitas delas voltadas especificamente para jovens desfavorecidos.[75] Alguns dos projetos mais interessantes desse tipo ocorrem em países em desenvolvimento e em zonas de conflito. Em alguns casos, eles visam principalmente promover a criatividade e a autoexpressão, mas muitos também se destinam ao engajamento e ativismo social e político.

Apesar de a abordagem desses projetos ser eminentemente prática, eles podem implicar uma acentuada

---

75 Por exemplo, ver JoEllen Fisherkeller (org.), *Youth Media Production*, Nova York: Peter Lang, 2011; e, para o trabalho em países em desenvolvimento e zonas de conflito, ver Sanjay Asthana, *Innovative Practices of Youth Participation in Media*, Paris: Unesco, 2006, e *Youth Media Imaginaries from Around the World*, Nova York: Peter Lang, 2012.

análise crítica da mídia convencional, e o trabalho mais eficaz procura combinar as duas coisas. A qualidade e o impacto desses projetos são variáveis, e há uma necessidade significativa de avaliação, mas em geral eles merecem apoio e muito mais financiamento continuado. A meu ver, os educadores de mídia nas escolas poderiam ter muito a aprender com essa abordagem mais informal, baseada na comunidade, até na forma como ela consegue chegar a públicos mais amplos.

Não obstante, tais projetos só poderão alcançar uma pequena minoria dos jovens. A escola continua a ser o lugar essencial. A escola é a instituição em que todas as crianças são obrigadas a passar uma considerável parte do seu tempo – e (por várias razões) deve continuar assim, não obstante as alegações utópicas de alguns entusiastas da tecnologia. As escolas dependem cada vez mais de mídia e tecnologia de muitos tipos, porém tendem a usar essas coisas de modo limitado e funcional. Enquanto isso, as crianças estão crescendo num mundo cada vez mais saturado com mídia. A educação midiática precisa tornar-se um direito fundamental para todos os jovens, desde o início de sua vida escolar, e deve ocupar o centro do currículo escolar.

CONCLUSÃO

SERÁ QUE A EDUCAÇÃO MIDIÁTICA É SUFICIENTE?

Alguns afirmaram que não basta ensinar análise crítica da mídia para lidar com os desafios do ambiente midiático em mutação – muito menos com o mal-estar social e político mais amplo do mundo contemporâneo. As forças que motivam os discursos de ódio e a desinformação são claramente muito mais diversas e profundas: política populista, extremismo violento e a crescente polarização e tom antagonista do debate político não podem simplesmente ser atribuídos à influência da mídia social. De fato, a mídia pode ser mais sintoma do que causa. Diante disso tudo, tentar promover uma abordagem mais distanciada da mídia pode parecer uma reação indevidamente racionalista. Há até o perigo de que a educação midiática incentive ainda mais o cinismo e a desconfiança – qualidades cruciais para o apelo das teorias de conspiração.[76]

Certamente há alguma verdade nesses argumentos. Como sugeri, não basta ensinar as pessoas a lidar com as exigências do ambiente midiático: essas coisas não devem ser apenas uma questão de responsabilidade individual. Uma abordagem racionalista superficial não é útil; e não se deve confundir ceticismo com cinismo. A educação midiática almeja um uso crítico e consciente dos meios de comunicação, e deve nos permitir não apenas entender como a mídia funciona, ou lidar com um mundo intensamente mediado, mas também imaginar como as coisas podem ser diferentes. A educação midiática busca promover o entendimento crítico, mas o entendimento crítico também deve levar à ação.

---

76 Para um relato instigante desses debates, ver Paul Mihailidis, "Civic media literacies: re-imagining engagement for civic intentionality", *Learning, Media and Technology* 43(2) (2018): 152-164.

A educação midiática não substitui a regulação da mídia. Ao contrário, ela precisa estar ligada a movimentos mais amplos de reforma da mídia. Se quisermos um ambiente midiático rico, diverso e saudável, necessitamos de um público crítico e perspicaz. Mas o público também merece ser respeitado, e não meramente explorado. Como educadores de mídia, precisamos ter o cuidado de não reagir a temores ou problemas infundados, que são apenas parcialmente compreendidos. Necessitamos de uma abordagem muito mais abrangente para entender como é possível mobilizar a mídia no interesse do bem público. Nesse processo, temos de reconhecer as limitações do que a educação pode alcançar. As escolas são instituições públicas vitais, mas inevitavelmente há restrições significativas na maneira como elas podem atuar. A educação por si só não será suficiente para solucionar os problemas que enfrentamos. Para promover mudanças e reformas mais amplas, nós, educadores, precisamos trabalhar com outros órgãos públicos e não governamentais.

Quais tipos de reforma podem ser necessários, especialmente em relação à mídia social?[77] Um ponto de partida seria considerar a internet como um bem público básico, como a água e o ar. Para ter um espaço público não comercial em que seja realmente possível compartilhar a informação, precisamos de instituições e estruturas que o mantenham. Quando nossos principais canais de comunicação são geridos (mesmo que parcialmente) por

---

77 Não posso abordar essas questões em detalhe aqui. Para uma análise meticulosa dos imperativos de política pública, ver Martin Moore, *Tech Giants and Civic Power*, Londres: King's College, 2016, em https://www.kcl.ac.uk/sspp/policy-institute/CMCP/Tech-Giants-and-Civic-Power.pdf.

empresas privadas, é necessária uma regulação estrita e responsabilização, de modo a coibir ativamente e quebrar os monopólios comerciais. Num nível muito básico, isso significa que essas empresas digitais devem pagar seus impostos, muitos dos quais elas conseguem evitar atualmente. Esses impostos – e outras tributações sobre seus lucros gigantescos – podem ser usados para financiar a informação pública e iniciativas culturais, como a criação de conteúdo *online* confiável, o fornecimento de acesso para grupos excluídos e o desenvolvimento de ferramentas, recursos e treinamento para a educação midiática.

Um segundo ponto fundamental é que empresas como o Google e o Facebook precisam ser vistas como empresas de *mídia*, independentemente de quem cria o conteúdo que elas proporcionam. Essas empresas gostam de se apresentar como simples empresas de tecnologia que prestam serviços – como intermediários neutros. Desse modo conseguem se subtrair a qualquer responsabilidade editorial pelo material que publicam e distribuem. Para assumir tal responsabilidade, essas plataformas teriam de obedecer às formas existentes de regulação da mídia, relacionadas, por exemplo, à publicidade política e ao discurso de ódio e assédio. Embora essas leis existam, há pouca coerência no modo como são aplicadas *online*.

Uma terceira área fundamental é o uso de dados pessoais. Ao acessar essas plataformas, os usuários têm de conceder direitos sobre seus dados pessoais, que são vendidos para terceiros, que os usam como querem – embora poucos de nós entendam o que está em jogo ao marcar "concordo" no contrato de termos de serviço. Há questões complexas sobre quem está realizando o "trabalho" envolvido na criação do conteúdo de mídia social e a quem pertence o que é produzido. De novo, a educação tem um papel aqui; mas, ainda que os usuários entendam o que está acontecendo, eles geralmente têm poucas alternativas. No mínimo, temos direito a mais transparência e a muito mais controle sobre a coleta e o uso de nossos dados pessoais, tanto por empresas como por governos.

Não é fácil resolver esses problemas. Essas mídias são globais, o que exclui a maior parte das tentativas de regulação por governos nacionais. A liberdade de expressão também é uma questão complicada: precisamos pensar quanta liberdade nós queremos e precisamos – e se de fato temos liberdade neste momento, para começar. Podemos ser perdoados por questionar se os governos são capazes de regular essas mídias, ou mesmo se realmente querem fazê-lo. Porém, até agora, tudo o que vimos foram reações muito tíbias – tentativas superficiais de encontrar uma solução improvisada para o problema mais recente, mas nenhuma ação substancial ou coerente.

A educação pode desempenhar um papel nesse contexto, mas precisa integrar uma estratégia mais ampla. Os desafios do novo ambiente midiático exigem mais que soluções individualistas. Afinal, a educação não deve se limitar a nos dar condições de entender e de lidar com o que já existe. Também deve nos incentivar a explorar alternativas e a exigir mudanças.

AGRADECIMENTOS

Pode parecer estranho, mas foram as ações de um ministro da educação de um governo conservador que me persuadiram da necessidade de escrever este livro. Em 2016, o governo do Reino Unido estava promovendo uma "racionalização" das disciplinas integrantes das provas finais do ensino secundário na Inglaterra e no País de Gales. Várias dessas disciplinas corriam o risco de ser removidas do currículo se deixassem de cumprir as exigências do governo – e Estudos de Mídia era uma delas. No fim, a disciplina foi salva, mas por pouco, e houve algumas concessões muito prejudiciais. Como estava envolvido com o ensino de mídia desde os anos 1980, fiquei estarrecido e enfurecido com a possibilidade de que ela pudesse simplesmente ser eliminada dessa maneira. Como um governo, de qualquer orientação política, pode pensar que os jovens *não* deveriam aprender a entender a mídia? Não foi a primeira vez que senti a necessidade de um livro para defender a educação midiática de forma clara, sucinta e convincente.

Gostaria de agradecer a Mary Savigar, da Polity Press, pela sugestão de escrever este livro na nova série Manifesto: parece ser o lugar apropriado para ele. Também gostaria de agradecer aos resenhistas e outros editores da Polity, que me incentivaram a dar ao livro uma feição mais contemporânea. Agradeço aos amigos que me encorajaram num período em que o pessimismo do intelecto parecia estar vencendo o otimismo da vontade, especialmente Kate Domaille, Hyeon-Seon Jeong, Amie Kim e Celia Greenwood. Também agradeço àqueles que leram o esboço e me forneceram valiosos comentários:

Jenny Grahame, Sara Bragg, Shaku Banaji, Pete Fraser e Roxana Morduchowicz. Finalmente, devo expressar minha gratidão às plateias que toleraram e discutiram versões do tema enquanto ele ganhava forma nos últimos anos, na Polônia, Estados Unidos, Itália, Bélgica, Uruguai, Argentina, Irlanda, Japão, Espanha, Eslováquia, Coreia do Sul, Grécia, Hong Kong, Lituânia e em vários lugares do Reino Unido.

Muitas dessas ideias foram veiculadas primeiro em meu blogue (www.davidbuckingham.net), mas foram em ampla medida reescritas e aprimoradas – formando o que espero ser um argumento coerente – para este livro.

SOBRE O AUTOR

David Buckingham é Professor Emérito de Mídia e Comunicação na Loughborough University e Professor Visitante no King's College London.

Escreveu, entre outros, *On the cusp* e *Youth on Screen: representing young people in film and television*.

Fonte Space Mono
Andada Pro
Papel Pólen Bold 90 g/m2
Supremo Alta Alvura 250 g/m2
Impressão Visão Gráfica
Data Fevereiro de 2024